dis voir!

Nachschlagewerk zu dis donc! 5 bis 9

Autoren
Michael Eisner-Binkert
Peter Klee

Projektleitung LMVZ
Mathias Grüter
Beat Oderbolz
Nina Wiesmann

Fachexpertin
Mirjam Egli Cuenat

Gestaltung
Fredy Heritsch, Dachcom.ch AG

Illustrationen
Louiza Becquelin (Umschlag)
Marc Locatelli (Inhalt)
Claudia A. Trochsler, CAT Design (Karten)

Koordination mit der
Interkantonalen Lehrmittelzentrale

© 2017
Lehrmittelverlag Zürich,
Lehrmittelverlag St. Gallen
2. korrigierte Auflage 2019 (1. Auflage 2017)
Gedruckt in der Schweiz auf FSC-Recyclingpapier
LMVZ: ISBN 978-3-03713-770-3
LMV SG: ISBN 978-3-905973-63-1

LMVZ: www.lmvz.ch
LMV SG: www.lehrmittelverlag.ch
digital.lmvz.ch

Das Werk und seine Teile sind urheberrechtlich
geschützt. Nachdruck, Vervielfältigung oder
Verbreitung jeder Art – auch auszugsweise – nur mit
vorheriger schriftlicher Genehmigung des Verlages.

Inhaltsverzeichnis

Einführung 10

Einführung für die Eltern 12

Sprachen lernen
Apprendre les langues 13

1. Über das Sprachenlernen nachdenken
   Comment apprendre les langues? 14

2. Einstellung zum Lernen
   Comment me motiver? 15

3. Lerngelegenheiten nutzen
   Tirer profit de toutes les situations 16

4. Sprachenübergreifend lernen
   Construire des ponts entre les langues 17

   4A Brücken bauen
       Construire des ponts 17

   4B Sprachfamilien
       Familles de langues 18

5. Wörter lernen
   Apprendre le vocabulaire 21

   5A Mit allen Sinnen lernen
       Apprendre avec tous les sens 21

   5B Wörter lernen und üben
       Apprendre et exercer les mots 22

   5C Ordnen und vernetzen
       Structurer les mots 23

6. Auswendiglernen
   Apprendre par cœur 24

Techniken und Strategien
Les techniques et les clés magiques 25

1. Nützliche Techniken
   Quelques techniques utiles 26

2. Hilfreiche Strategien
   Les clés magiques 27

   2A Hörschlüssel
       Les clés magiques pour écouter et comprendre 27

   2B Leseschlüssel
       Les clés magiques pour lire et comprendre 28

   2C Sprechschlüssel
       Les clés magiques pour faire des présentations 29

   2D Gesprächsschlüssel
       Les clés magiques pour participer à une discussion 30

   2E Schreibschlüssel
       Les clés magiques pour écrire des textes 31

Wortbildung
La formation des mots 33

1 Wortfamilien
Familles de mots 34

2 Vorsilben und Nachsilben
Préfixes et suffixes 34

3 Zusammengesetzte Wörter
Mots composés 37

Aussprache, Betonung und Satzmelodie
Prononciation, intonation et mélodie de la phrase 39

1 Das Alphabet
L'alphabet 40

2 Die Aussprache
La prononciation 40

3 Die Betonung
L'intonation 43

4 Die Satzmelodie
La mélodie de la phrase 44

5 Bindungen
Les liaisons 45

6 Auslassungen
L'élision 45

7 Sonderfall «h»
Le «h», un cas spécial 46

Grammatik
La grammaire 47

Erklärung des Farbcodes im Grammatikteil 48

1 Ich kann über mich und andere sprechen 49

    1A Ich kann mich vorstellen
Je me présente 49

    1B Personalpronomen (Subjekt)
Les pronoms personnels (sujets) 49

    1C Betonte Personalpronomen
Les pronoms personnels toniques 50

2 Ich kann über Beziehungen und Besitzverhältnisse sprechen 50

    2A Ich kann meine Familie vorstellen
Je présente ma famille 50

    2B Besitzanzeigende Pronomen (Begleiter)
Les adjectifs possessifs 51

    2C Besitzanzeigende Pronomen (Stellvertreter)
Les pronoms possessifs 52

3 Ich kann Aussagen machen ... 52

- **3A** Der Aussagesatz
  La phrase affirmative ... 52
- **3B** Die Struktur des Aussagesatzes
  La structure de la phrase affirmative ... 53
- **3C** Die direkten Objekte
  Les objets directs ... 53
- **3D** Die indirekten Objekte
  Les objets indirects ... 54
- **3E** Die indirekten Objektpronomen y und en
  Les pronoms objets indirects y et en ... 55
- **3F** Zwei Pronomen
  Deux pronoms ... 55

4 Ich kann Ideen miteinander verknüpfen ... 56

- **4A** Erste kurze Texte schreiben
  Mes premiers petits textes ... 56
- **4B** Sätze mit Konjunktionen verknüpfen
  Relier des phrases avec des conjonctions ... 56
- **4C** Sätze mit Relativpronomen verknüpfen
  Relier des phrases avec des pronoms relatifs ... 57
- **4D** Handlungen mit dem gérondif verknüpfen
  Relier des actions avec le gérondif ... 57
- **4E** Argumente miteinander verknüpfen
  Relier des arguments ... 58

5 Ich kann Personen, Dinge und Tätigkeiten beschreiben ... 58

- **5A** Ich kann mit Adjektiven Tiere beschreiben
  Je décris des animaux ... 58
- **5B** Geschlecht und Zahl: Nomen, Begleiter und Adjektive
  Genre et nombre: les noms, les articles et les adjectifs ... 59
- **5C** Nomen
  Les noms ... 61
- **5D** Adjektive
  Les adjectifs ... 63
- **5E** Stellung des Adjektivs
  La place de l'adjectif ... 64
- **5F** Adverbien
  Les adverbes ... 65
- **5G** Weitere Möglichkeiten der Beschreibung
  D'autres manières de décrire ... 66

6 Ich kann Vergleiche anstellen ... 66

- **6A** Die Vergleichsstufen
  La comparaison ... 66
- **6B** Vergleiche mit regelmässigen Adjektiven
  La comparaison régulière des adjectifs ... 67
- **6C** Vergleiche mit Adverbien
  La comparaison des adverbes ... 68
- **6D** Unregelmässige Steigerung: bon und bien
  La comparaison irrégulière: bon et bien ... 68

	6E	Demonstrativpronomen (Stellvertreter) Les pronoms démonstratifs	68
	6F	Die Vergleichsstufen von beaucoup et peu La comparaison de beaucoup et peu	69
	6G	Vergleiche mit comme La comparaison avec comme	69
7		**Ich kann Mengenangaben machen**	**70**
	7A	Ich kann über ein Rezept sprechen Je parle d'une recette	70
	7B	Die Grundzahlen Les nombres cardinaux	70
	7C	Die Ordnungszahlen Les nombres ordinaux	71
	7D	Der Teilungsartikel L'article partitif	72
	7E	Teilungsartikel und unbestimmte Artikel im verneinten Satz La négation de l'article partitif et de l'article indéfini	72
	7F	Mengenangaben Les expressions de quantité	73
	7G	Unbestimmte Pronomen (Begleiter) Les articles indéfinis	73
8		**Ich kann etwas verneinen**	**74**
	8A	Ich kann «nein» sagen Je dis «non»	74
	8B	Der verneinte Satz La phrase négative	74
	8C	Die Verneinung am Satzanfang La négation au début de la phrase	74
	8D	Die Verneinung ohne Verb La négation sans verbe	75
9		**Ich kann Fragen stellen und beantworten**	**75**
	9A	Ich kann ein Interview führen Je fais une interview	75
	9B	Der Fragesatz La phrase interrogative	76
	9C	Die Betonungsfrage und die Frage mit est-ce que La question avec l'intonation ou avec est-ce que	76
	9D	Die Umkehrfrage La question avec l'inversion	77
	9E	Fragepronomen (Begleiter oder Stellvertreter) Les pronoms interrogatifs	77
	9F	Der indirekte Fragesatz La question indirecte	78
10		**Ich kann Anweisungen verstehen und geben**	**79**
	10A	Ich kann im Schulzimmer Anweisungen verstehen/geben Je comprends/donne des ordres en classe	79
	10B	Die Befehlsform L'impératif	79

10C Die Befehlsform der rückbezüglichen Verben
L'impératif des verbes pronominaux ... 80

10D Die verneinte Befehlsform
L'impératif négatif ... 80

10E Weitere Möglichkeiten, Anweisungen zu geben
D'autres manières de donner des ordres ... 81

11 Ich kann Vorschläge machen und Ratschläge geben ... 82

11A Vorschläge und Ratschläge mit dem Imperativ
Propositions et conseils avec l'impératif ... 82

11B Vorschläge und Ratschläge mit Modalverben
Propositions et conseils avec les verbes de mode ... 82

11C Vorschläge und Ratschläge mit dem Konjunktiv
Propositions et conseils avec le conditionnel ... 82

12 Ich kann Ortsangaben verwenden ... 83

12A Ich kann beschreiben, wo sich etwas im Zimmer befindet
Je décris ma chambre ... 83

12B Sich zurechtfinden: venir de, aller à
S'orienter: venir de, aller à ... 84

12C Städte, Kantone, Länder und Erdteile
Les villes, les cantons, les pays et les continents ... 84

12D Unterscheidung zwischen y und en bei Ortsangaben
La différence entre y et en pour indiquer les lieux ... 84

13 Ich kann Zeitangaben verwenden ... 85

13A Ich kann ein Rendez-vous vereinbaren
Je fixe un rendez-vous ... 85

13B Ich kann Angaben zur Uhrzeit machen
Je connais l'heure ... 85

13C Wochentage
Les jours de la semaine ... 86

13D Tageszeiten, Monate und Jahreszeiten
Les moments de la journée, les mois et les saisons ... 86

13E Zeitangaben
Les indicateurs de temps ... 88

14 Ich kann über Gegenwärtiges berichten ... 89

14A Ich kann mitteilen, was ich gerade tue
Je dis ce que je fais ... 89

14B Verben auf -er im Präsens
La conjugaison des verbes en -er au présent ... 89

14C Rückbezügliche Verben im Präsens
Les verbes pronominaux au présent ... 90

14D Das Präsens mit être en train de...
Le présent avec être en train de... ... 90

14E Verben mit einem, zwei oder drei Stämmen
La conjugaison: un thème, deux thèmes ou trois thèmes ... 90

14F Schwierige oder unregelmässige Verben
Quelques verbes difficiles ou irréguliers ... 91

14G Veränderliche Stämme
Le thème change ... 91

15 Ich kann über Zukünftiges sprechen 92

    15A Das Futur mit aller
           Le futur composé 92

    15B Das Futur
           Le futur simple 92

    15C Das Futur der zweistämmigen Verben auf -er
           Le futur des verbes en -er à deux thèmes 93

16 Ich kann über Vergangenes berichten 94

    16A Über die Ferien erzählen
           Parler des vacances 94

    16B Das Perfekt mit avoir und être
           Le passé composé avec avoir et être 94

    16C Die rückbezüglichen Verben im Perfekt
           Les verbes pronominaux au passé composé 96

    16D Die Veränderlichkeit des Partizips mit avoir
           L'accord du participe passé avec avoir 96

    16E Die unmittelbare Vergangenheit
           Le passé récent 96

    16F Das Präteritum
           L'imparfait 97

    16G Der Gebrauch von passé composé und imparfait
           L'emploi du passé composé et de l'imparfait 98

    16H Das Plusquamperfekt
           Le plus-que-parfait 98

Sprechanlässe innerhalb und ausserhalb des Schulzimmers
Situations en classe et au-delà **99**

1 Communication en classe
    Im Schulalltag 100

2 Se saluer, se présenter, prendre congé
    Sich begrüssen, jemanden vorstellen, sich verabschieden 103

3 Parler de ses loisirs
    Über seine Hobbys sprechen 103

4 Dire ce qu'on aime et ce qu'on n'aime pas
    Vorlieben und Abneigungen ausdrücken 105

5 Exprimer des sentiments
    Gefühle ausdrücken 106

6 S'excuser, accepter une excuse
    Sich entschuldigen, eine Entschuldigung annehmen 107

7 Donner son avis, exprimer son accord ou son désaccord
    Seine Meinung, Zustimmung oder Ablehnung ausdrücken 108

8 Communiquer avec un partenaire ou en groupe
    Sich in Partner- oder Gruppenarbeiten verständigen 109

9 Créer et présenter une affiche
    Ein Plakat gestalten und präsentieren 111

10 Faire un exposé
    Einen Vortrag halten 113

11	Donner et recevoir un feedback Eine Rückmeldung geben und entgegennehmen	114
12	Faire une interview Ein Interview führen	115
13	Écrire une histoire Eine Geschichte schreiben	117
14	Écrire des poèmes Gedichte schreiben	119
15	Tenir un journal de lecture Ein Lesetagebuch führen	122
16	La lecture réciproque Wechselseitiges Lesen	124
17	Faire du théâtre Szenisches Spiel	125
18	Faire des jeux en classe Im Unterricht Spiele spielen	126
19	Communiquer par écrit Sich schriftlich mitteilen	127
20	Au téléphone Telefonieren	129

Französisch in der Schweiz und weltweit
Le français en Suisse et dans le monde ... 131

1	Französisch in der Schweiz und weltweit Le français en Suisse et dans le monde	132
	1A La situation en Suisse	132
	1B La situation dans le monde	133
	1C Les français parlés dans le monde	133
2	Kulturelle Vielfalt Richesse et diversité culturelle	141

Stichwortregister
Glossaire ... 143

Anhang
Annexes ... 147

1	Wechselseitiges Lesen: Rollenkarten	148
	1A Pour le meneur de discussion	148
	1B Pour les membres du groupe	149
2	Kulturelle Vielfalt: Übersicht über die Texte auf der Lernplattform	150
3	Verbenübersicht	152

Einführung

Das Nachschlagewerk «dis voir!» begleitet dich während mehrerer Jahre. Es enthält viel Wissenswertes rund um die französische Sprache. Es gibt dir auch zahlreiche Tipps, die dir das Lernen erleichtern.

Was findest du in diesem Buch?

Der folgende Parcours hilft dir, dich im Buch zurechtzufinden.

1. Das **Inhaltsverzeichnis** gibt dir einen Überblick über die behandelten Themen. Welche Kapitel enthält das Buch? Überlege, was in den einzelnen Kapiteln stehen könnte.

2. Im Kapitel **Sprachen lernen** findest du Hinweise, wie du **Lerngelegenheiten** auch im Alltag oder in den Ferien nutzen kannst. Welche dieser Lerngelegenheiten sprechen dich am meisten an?

3. Französisch ist die zweite Fremdsprache, die du in der Schule lernst. Das Kapitel **Sprachenübergreifend lernen** zeigt dir, wie du beim Französischlernen von Englisch profitieren und Brücken zu weiteren Sprachen schlagen kannst. Wie viele unterschiedliche Sprachen kommen in diesem Kapitel unter «4A Construire des ponts» vor?

4. Wenn du in einer Fremdsprache etwas sagen willst, musst du auch **Wörter lernen.** Wo erhältst du Tipps für das Wörterlernen? Schaue die Zeichnungen am Anfang des Kapitels an: Mit welchen Sinnen möchtest du gerne Wörter lernen: mit dem Mund, der Nase, der Hand, der Zunge, mit den Augen oder den Ohren?

5. Im Kapitel **Techniken und Strategien** sind zwei wichtige Zeichnungen: Eine Werkzeugkiste und ein Schlüsselbund. Was befindet sich in der Werkzeugkiste? Wozu dienen die Schlüssel?

6. Wo findest du Hinweise, wie **Wörter gebildet** werden? Hast du im Deutschunterricht schon etwas über Wortfamilien gehört? Schlage in «dis voir!» nach, was man darunter versteht.

7. In welchem Kapitel erfährst du, dass die französische Sprache eine spezielle **Satzmelodie und typische Laute** aufweist? Suche das entsprechende Kapitel.

8. Recht umfangreich ist das **Grammatikkapitel.** Deine Lehrerin oder dein Lehrer spricht im Unterricht Französisch und gibt Anweisungen. Suche das Kapitel «Anweisungen verstehen und geben» zuerst im Inhaltsverzeichnis und schlage dann die betreffende Seite auf: Welche Anweisungen kennst du bereits?

9. Wenn deine Lehrerin oder dein Lehrer Anweisungen gibt, verwendet er oder sie meist die Befehlsform oder den Imperativ. Wenn du etwas ganz Bestimmtes in «dis voir!» suchst, so hilft dir das zweisprachige **Stichwortregister** am Schluss des Buches weiter. Schlage die beiden Stichwörter Befehlsform und Imperativ nach. Wohin führt dich das Stichwortregister?

10. Das Wort pont bedeutet Brücke. Du begegnest dem **Piktogramm PONT** zum Beispiel im Kapitel «Ich kann Anweisungen verstehen und geben». Um welche Brücke geht es hier?

11. Das Kapitel **Sprechanlässe innerhalb und ausserhalb des Schulzimmers** hilft dir, in Unterrichtssituationen die richtigen Worte zu finden. Auf welchen Seiten findest du eine Schautafel eines Schulzimmers, auf der typische Gegenstände benannt werden? Welche Ausdrücke kennst du bereits?

12. Wo findest du Ideen, wenn du jemandem **von deinen Hobbys erzählen** willst? Welche Illustration spricht dich am meisten an? Weshalb? Weisst du schon, wie dein Lieblingshobby auf Französisch heisst?

13. In welchen Teilen der Welt **wird Französisch gesprochen?** In welchem Kapitel des Nachschlagewerkes erhältst du eine Antwort auf diese Frage? Schaue nach, ob du richtig geraten hast. In diesem Kapitel findest du viele interessante Verweise auf die frankophone Welt.

14. Im **Anhang** findest du eine Übersicht über verschiedene Dokumente auf der **Lernplattform.** Was kannst du dort an Wissenswertem entdecken?

15. Du bist dir nicht sicher, wie ein Verb konjugiert wird. Schau in der **Verbenübersicht** auf der **Lernplattform** nach.

Wie arbeitest du mit diesem Buch?

«dis voir!» ist nicht nur ein Nachschlagewerk, sondern auch ein Arbeitsbuch, in dem deine eigenen Bemerkungen und Kommentare Platz haben.

1. Das Buch begleitet dich während mehrerer Jahre, und du kannst ja nicht schon alles von Anfang an wissen. Markiere jeweils mit einer ersten Farbe, was du im Unterricht schon gelernt hast.

2. Wenn dir etwas besonders wichtig erscheint oder wenn du zum Beispiel einen Tipp besonders beherzigen willst, verwendest du zum Markieren eine weitere Farbe.

3. In diesem Buch kann nicht alles stehen, und ausserdem hast du selbst noch eigene Ideen und gute Tipps. Notiere deine Bemerkungen im Buch überall dort, wo du Platz findest.

Viel Spass beim Französischlernen mit «dis voir!».

Einführung für die Eltern

«dis voir!» ist ein **Nachschlagewerk,** das die Schülerinnen und Schüler während ihrer ganzen Schulzeit beim Französischlernen unterstützt. «dis voir!» trägt dazu bei, dass die Schülerinnen und Schüler im Umgang mit der französischen Sprache zunehmend selbstständiger werden. Es ist keinesfalls beabsichtigt, dass die Lernenden das Buch von der ersten bis zur letzten Seite durcharbeiten. Vielmehr werden sie es immer dann zur Hand nehmen, wenn sie z. B. beim Lösen einer Lernaufgabe (tâche) bestimmte Informationen suchen. Das **Inhaltsverzeichnis** am Anfang und das **Stichwortregister** am Schluss des Buches helfen den Schülerinnen und Schülern dabei, sich in ihrem Nachschlagewerk zurechtzufinden.

«dis voir!» soll als **persönlicher Lernbegleiter** betrachtet werden: Die Schülerinnen und Schüler markieren im Laufe der Zeit für sie wichtige Stellen und ergänzen Listen und Tabellen durch individuelle Einträge.

Sprachen werden leichter und besser gelernt, wenn regelmässig über das eigene Lernen nachgedacht wird. Im Kapitel **Sprachen lernen** werden die Schülerinnen und Schüler deshalb ermuntert, sich selbst zu beobachten. Sie erhalten auch Hinweise, wie sie ihr Lernen positiv beeinflussen und Fortschritte machen können.

Die Schülerinnen und Schüler werden immer wieder aufgefordert, Französisch mit der Schulsprache Deutsch, der ersten Fremdsprache Englisch oder weiteren Sprachen zu **vergleichen.** Sie können dabei von der Sprachenvielfalt innerhalb und ausserhalb des Schulzimmers profitieren.

Sprachen lernen bedeutet, mit allen Sinnen zu lernen. Deshalb werden in «dis voir!» Vorschläge gemacht, die den Schülerinnen und Schülern das **Wortschatzlernen** und das **Auswendiglernen** mit verschiedenen Sinnen und auf verschiedene Arten erleichtern sollen.

Eine Sprache erfolgreich lernen heisst, sich zu helfen wissen: «dis voir!» bietet den Schülerinnen und Schülern im Kapitel **Techniken und Strategien** Tipps und Tricks an, die ihnen das Lesen, Hören, Sprechen und Schreiben in der Zielsprache erleichtern. Einige davon sind ihnen bereits aus dem Deutsch- oder Englischunterricht vertraut, andere lernen sie neu kennen und probieren sie zum ersten Mal aus.

Im Kapitel **Wortbildung** erhalten die Schülerinnen und Schüler wichtige Hinweise zum Entschlüsseln oder Bilden von Wörtern, die ihnen noch nicht bekannt sind.

Eine Sprache lernen bedeutet, die Sprache möglichst oft und intensiv zu gebrauchen. Damit dies den Schülerinnen und Schülern leichter fällt, können sie immer dann in «dis voir!» nachschlagen, wenn sich ihnen während des Unterrichts oder ausserhalb des Schulzimmers (etwa bei Kontakten mit französischsprachigen Altersgenossen) Fragen zur **Aussprache,** zur **Grammatik** oder zu **bestimmten Sprechanlässen** stellen.

Französisch ist eine Sprache, die auf verschiedenen Kontinenten, in verschiedenen Ländern und Gegenden gesprochen und geschrieben wird. Das Kapitel **Französisch in der Schweiz und weltweit** lässt die Schülerinnen und Schüler die französischsprachige Welt in ihrer ganzen Vielfalt entdecken. Das Kapitel wird ergänzt durch eine Vielzahl von interessanten Dokumenten auf der **Lernplattform.**

«dis voir!» wendet sich in erster Linie an die Schülerinnen und Schüler. Als Vater oder Mutter werden Sie Ihr Kind aber bei der Entdeckungsreise durch die französische Sprache und die frankophone Welt begleiten, die das Nachschlagewerk den Schülerinnen und Schülern näher bringen möchte. In diesem Sinn richtet sich das Buch auch an interessierte Eltern, die darin die eine oder andere (Wieder-)Entdeckung machen können.

Gute Reise oder bon voyage!

Sprachen lernen
Apprendre les langues

1 Über das Sprachenlernen nachdenken
Comment apprendre les langues?

Wie in anderen Fächern ist es auch im Französischunterricht wichtig, dass du dich von Zeit zu Zeit fragst, wie du lernst. So erkennst du, ob du Fortschritte machst.

Comme un capitaine
Hast du dir schon einmal überlegt, wie du am besten eine Sprache lernst? Es hilft dir, wenn du dich regelmässig selbst beim Lernen beobachtest. Am besten schreibst du deine Beobachtungen jeweils auf, so wie der Schiffskapitän dies in seinem Logbuch (journal de bord) tut. Dann überlegst du dir, was du verbessern möchtest, damit du noch mehr Fortschritte machen kannst.

Vivent les stratégies
Beim Sprachenlernen kannst du verschiedene Tricks oder **Strategien** anwenden, die dir das Lernen erleichtern. So gibt es z. B. hilfreiche Techniken fürs Wörterlernen oder fürs Auswendiglernen. Beim Hören, Lesen, Sprechen oder Schreiben helfen dir die **clés magiques,** die du zum Teil bereits aus dem Deutsch- und Englischunterricht kennst.

Um eine bessere Strategin oder ein besserer Stratege zu werden, stellst du dir von Zeit zu Zeit die folgenden Fragen:

- Welche Strategien habe ich bisher eingesetzt?
- Welche Strategien haben mir beim Lernen geholfen?
- Welche neuen Strategien möchte ich ausprobieren?

Natürlich kannst du auch kreativ sein und eigene Strategien erfinden, die du nicht in «dis voir!» findest. Trage sie an den betreffenden Stellen auf den Seiten 26–31 ein.

Je sais ce que je veux
Notiere regelmässig kleinere oder grössere Ziele und überprüfe, ob du diese auch tatsächlich erreichst. Zum Beispiel:

- Ich lerne heute zehn neue Wörter oder Ausdrücke.
- Ich schreibe meiner Briefpartnerin bis Ende Woche eine E-Mail und berichte über meine Ferienpläne.
- Ich lerne meine Rolle fürs Rollenspiel bis kommende Woche auswendig.

Bravo la faute
«Aus Fehlern wird man klug», heisst es. Dies gilt auch beim Fremdsprachenlernen. Es ist ganz natürlich, dass du Fehler machst: Fehler sind Helfer und zeigen dir selbst und deiner Lehrperson, wo du beim Lernen gerade stehst und wo du dich noch verbessern kannst.

2 Einstellung zum Lernen
Comment me motiver?

Das Sprachenlernen gelingt dir besser, wenn du mit einer positiven Einstellung ans Werk gehst. Nutze jede Möglichkeit, die Sprache zu gebrauchen und mit der Sprache zu experimentieren. Die nachfolgenden Tipps zeigen dir, wie du dir selbst Mut machen kannst.

Sprechanlässe nutzen
Nimm jede Gelegenheit wahr, um dich auf Französisch auszudrücken.

Mut zum Risiko
Traue dir etwas zu, auch wenn du dabei Fehler machst. Fehler gehören zum Lernen.

Sich selbst motivieren
Freue dich über deine Erfolge und motiviere dich selbst zum Weiterlernen.

Experimentierfreude
Experimentiere mit der Sprache, indem du fantasievoll und erfinderisch damit umgehst.

Hilfe annehmen
Betrachte Rückmeldungen von anderen als Gelegenheit zum Weiterlernen.

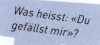

Was heisst: «Du gefällst mir»?

Andere fragen
Frage, wenn du etwas nicht weisst oder verstehst.

3 Lerngelegenheiten nutzen
Tirer profit de toutes les situations

Du lernst Französisch nicht nur im Unterricht. Nutze die Möglichkeiten, die sich dir im Alltag oder zum Beispiel während der Ferien bieten.

Lernpartnerschaften
Lerne den Stoff (z. B. Grammatik), indem du ihn einer Kameradin, einem Kameraden erklärst. Vieles lässt sich in Lernpartnerschaften wirkungsvoller und mit mehr Spass erledigen, so zum Beispiel das Wortschatzlernen.

Daheim und unterwegs
Unterhalte dich mit deinen Eltern und Geschwistern oder mit deinen Mitschülerinnen und Mitschülern auf Französisch. Du kannst auch auf dem Schul- oder Nachhauseweg mit dir selbst Französisch sprechen.

Kontakte
Unterhalte Kontakte zur französischen Sprache auch ausserhalb des Unterrichts: Nutze Verwandten- oder Bekanntenbesuche, Begegnungen mit französischsprachigen Menschen, E-Mail- oder Briefaustausch mit Gleichaltrigen, Internetforen usw.

Sprachzeugnisse
Suche in deiner Umgebung nach der französischen Sprache. Du findest Beispiele auf Verpackungen oder Menükarten, in der Werbung, aber auch am Bahnhof oder im Zug (Lautsprecherdurchsagen).

Medien
Tauche regelmässig in die französische Sprache ein: Verfolge Radio- oder Fernsehsendungen, suche im Internet nach interessanten Webseiten, Lernportalen oder Podcasts, schau dir im Kino Filme an.

Bibliothek
Stöbere in der (Schul-)Bibliothek oder im Medienzentrum nach interessanten französischsprachigen Angeboten (Bücher, DVDs, Comics, Lernprogramme).

Kiosk und Buchhandlung
Schnuppere am Kiosk oder in der Buchhandlung in deiner Nähe oder im französischsprachigen Raum in Zeitungen, Zeitschriften und Büchern für Kinder und Jugendliche (Bilderbücher, Comics).

Sprachen lernen | **Apprendre les langues** 17

4 Sprachenübergreifend lernen / Construire des ponts entre les langues

4A Brücken bauen / Construire des ponts

Französisch ist die zweite Fremdsprache, die du in der Schule lernst. Du profitierst also davon, wenn du Vergleiche mit Englisch und Deutsch anstellst und dabei auf Ähnlichkeiten und Unterschiede zwischen den Sprachen achtest. Sprichst du zuhause noch eine andere Sprache? Dann kannst du sogar noch weitere Brücken schlagen.

Brückenfragen

Zwischen den verschiedenen Sprachen, die du kennst, kannst du unterschiedliche Arten von Brücken schlagen. Es gibt zum Beispiel Parallelwörter und Ähnlichkeiten bei der **Wortbildung** oder beim **Satzbau.** Stelle dir regelmässig die folgenden Brückenfragen.

Parallelwörter
Kenne ich Wörter, die in verschiedenen Sprachen ähnlich geschrieben und/oder ausgesprochen werden? Beispiele von Parallelwörtern:

Deutsch	Français	English	Hrvatski (Kroatisch)	Shqiptar (Albanisch)
Giraffe	*girafe*	*giraffe*	*žirafa*	*gjirafë*
drei	*trois*	*three*	*tri*	*tre*
Nase	*nez*	*nose*	*nos*	*(hundë)*

Wortbildung
Wie werden Wörter in verschiedenen Sprachen gebildet? Beispiele:

Deutsch	Français	English	Italiano	Español
komfort**abel**	confort**able**	comfort**able**	confort**evole**	confort**able**
unmöglich	**im**possible	**im**possible	**im**possibile	**im**posible

Wortbildung
2 Vorsilben und Nachsilben,
Seiten 34–36

Satzbau
Wie werden Sätze (Aussagesätze, verneinte Sätze, Fragesätze) in verschiedenen Sprachen konstruiert? Vergleiche:

Français	*Aujourd'hui,*	***je***	**vais**	*à l'école.*
English	*Today*	***I***	**go**	*to school.*
Deutsch	*Heute*	**gehe**	***ich***	*in die Schule.*

Grammatik
3B Die Struktur des Aussagesatzes,
Seite 53

«Richtige Freunde» und «falsche Freunde»

Neben vielen offensichtlichen Ähnlichkeiten gibt es auch nur scheinbare Ähnlichkeiten zwischen den Sprachen. Man spricht dann von «falschen Freunden» (les faux amis). Lass dich durch das Risiko, auf einen falschen Freund hereinzufallen, nicht verunsichern: Solltest du einmal einen falschen Freund erwischen, hast du die Lacher bestimmt auf deiner Seite. Zudem gibt es viel mehr «richtige» als «falsche Freunde». Beispiele von falschen Freunden:

Deutsch	Französisch	Englisch
das Kuvert = Briefumschlag	le couvert = das Gedeck bei Tisch	
	la librairie = die Buchhandlung	library = die Bibliothek

4B Sprachfamilien / Familles de langues

Indoeuropäische Sprachen

Die Verbreitung der indoeuropaischen Sprachen reicht von Indien bis Irland. Die meisten Sprachen Europas gehoren zu dieser Familie. Ausnahmen sind etwa das Finnische oder das Ungarische.

Weltweit gibt es ungefähr 7000 Sprachen. Während bestimmte Sprachen wie Russisch, Englisch oder auch Französisch von Millionen Menschen gesprochen werden, sind andere Sprachen vom Aussterben bedroht. Miteinander verwandte Sprachen bilden Sprachfamilien. Die grösste und für Europa wichtigste Sprachfamilie ist die **Familie der indoeuropäischen Sprachen.** Ausserhalb Europas gehören Indisch, Iranisch, Armenisch sowie die ausgestorbenen Zweige Tocharisch und Anatolisch dazu.

Innerhalb der indoeuropäischen Sprachen gibt es Untergruppen. Man unterscheidet etwa die **romanischen Sprachen** (z. B. Französisch, Italienisch, Spanisch, Portugiesisch, Rumänisch, Rätoromanisch), die ihren Ursprung im Lateinischen (Sprache der Römer) haben, die **germanischen Sprachen** (z. B. Deutsch, Englisch, Holländisch, Schwedisch) oder die **slawischen Sprachen** (z. B. Bosnisch, Kroatisch, Serbisch, Tschechisch). Innerhalb dieser Untergruppen sind die Ähnlichkeiten besonders gross.

Die Grafik auf Seite 19 zeigt die verschiedenen Sprachzweige.

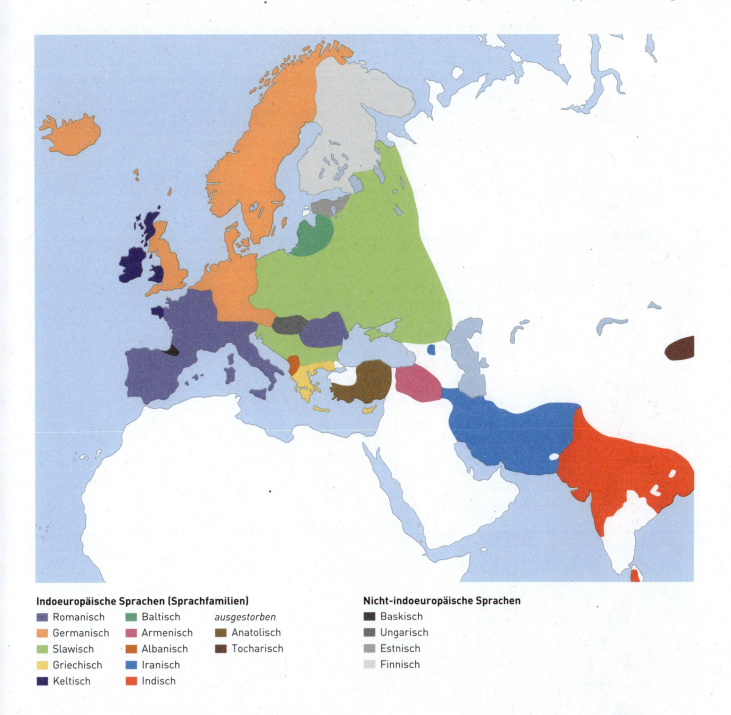

Indoeuropäische Sprachen (Sprachfamilien)
- Romanisch
- Germanisch
- Slawisch
- Griechisch
- Keltisch
- Baltisch
- Armenisch
- Albanisch
- Iranisch
- Indisch

ausgestorben
- Anatolisch
- Tocharisch

Nicht-indoeuropäische Sprachen
- Baskisch
- Ungarisch
- Estnisch
- Finnisch

Brücken zwischen Englisch und Französisch

Obwohl Französisch und Englisch nicht derselben Untergruppe angehören, gibt es **viele Ähnlichkeiten** zwischen den beiden Sprachen. Dies hat geschichtliche Gründe: England wurde im Jahre 1066 von der Normandie (Nordfrankreich) aus besetzt. Während 300 Jahren sprach man am englischen Königshof und unter den Adeligen Französisch. Während dieser Zeit übte die französische Sprache einen starken Einfluss auf das Englische aus. Davon zeugen bis heute die vielen **Parallelwörter** wie *le gouvernement = government, la bataille = battle, le poème = poem, le vinaigre = vinegar*.

Seit dem Ende des 19. Jahrhunderts verläuft die Entwicklung in umgekehrter Richtung: Der Einfluss der englischsprachigen Welt in Kultur und Wirtschaft ist so gross, dass englische Wörter in fast allen Sprachen auftauchen, so auch im Französischen: z.B. *sandwich, basket, match, clown*. Da viele dieser Wörter international verbreitet sind und auch im Deutschen vorkommen, helfen sie dir beim Sprachenlernen.

Von einer Sprache zur anderen

Das Französische hat schon immer Wörter aus anderen Sprachen entlehnt. Ebenso sind französische Wörter in andere Sprachen eingeflossen. Solche Entlehnungen gibt es zwischen vielen Sprachen.

Wörter überwinden Grenzen, und dabei passen sie sich der neuen Sprache an. So ist beispielsweise das arabische Wort *kahwa* im Türkischen zu *kahve* geworden, dann im Italienischen zu *caffè* und schliesslich im Französischen zu *café*.

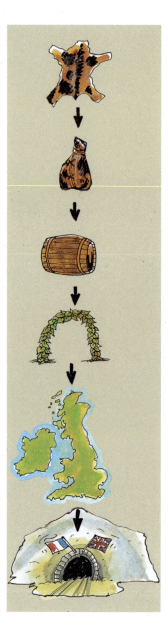

Das französische Wort *tunnel* zeigt, dass Wörter oft seltsame Wege gehen können. Der Ursprung des Wortes liegt im gallischen *tonna*: Die Haut, das Fell. Später bezeichnete es auch den Lederschlauch, in dem Wein aufbewahrt wurde. Daraus entwickelten sich *tonneau*, das Fass, das dem gleichen Zweck diente, *tonne*, die Tonne, und schliesslich *tonnelle*. Unter *tonnelle* versteht man eine halbrunde Konstruktion aus Holz, an dem sich Pflanzen ranken.

Im 15. Jahrhundert wurde das Wort *tonel* in England für ein rohrförmiges Fangnetz für Rebhühner übernommen. Im 18. Jahrhundert erhielt das Wort im Englischen seine moderne Bedeutung im Zusammenhang mit dem Bau von unterirdischen Passagen bei Schiffskanälen. Das Wort *tunnel* kehrte schliesslich nach Frankreich zurück und bezeichnete zur Zeit der ersten Eisenbahntunnels einen unterirdischen Gang.

Damit hat das Wort *tunnel,* auf seiner Reise hin und zurück, Frankreich und England miteinander verbunden, lange bevor der Eurotunnel unter dem Ärmelkanal gebaut wurde.

Beispiele für Wörter, die **das Französische entlehnt** hat:

Käppi (suisse allemand)	*le képi*
all'arme (italien)	*l'alarme* (f)
step (russe)	*la steppe*
cigarro (espagnol)	*le cigare*
pamplemos (néerlandais)	*le pamplemousse*
sauna (finlandais)	*le sauna*

Beispiele für Wörter, die andere Sprachen **aus dem Französischen übernommen** haben:

la rivière	*river* (anglais)
le billet	*biglietto* (italien)
le bagage	*bagag* (russe)
le camion	*kamyion* (turc)
la côtelette	*Kotelett* (allemand)
le dessert	*Dessert* (suisse allemand)

Sprachen lernen | **Apprendre les langue**

5 Wörter lernen
Apprendre le vocabulaire

Ohne Wörter kannst du in einer Fremdsprache nichts sagen und du verstehst auch nichts. Deshalb kommst du auch beim Französischlernen nicht ums Wörterlernen herum. Um einfacher Wörter zu lernen, ist es wichtig, dass du weisst, wie du am besten lernst. Die folgenden Tipps helfen dir, deinen eigenen Lernstil zu finden.

5A Mit allen Sinnen lernen
Apprendre avec tous les sens

Mit welchen Sinnen lernst du am liebsten? Du kannst dir Wörter oft besser merken, wenn mehrere Sinne gleichzeitig angesprochen werden.

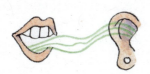

Hören und Sprechen
Es erleichtert mir das Lernen, wenn ich mir die Wörter laut vorspreche oder sogar vorsinge. Es hilft mir auch, wenn mir jemand anderes Wörter vorspricht.

Fühlen und Tasten
Mir fällt das Lernen neuer Wörter leichter, wenn ich mich daran erinnere, wie sich etwas anfühlt *(z. B. rond, en papier)*.

Schreiben
Ich kann mir Wörter einfacher merken, wenn ich sie geschrieben vor mir sehe oder wenn ich sie mehrmals schreibe.

Riechen
Es hilft mir beim Lernen, wenn ich bestimmten Wörtern Gerüche zuordnen kann *(z. B. le fromage, la fleur)*.

Schmecken
Wenn ich ein Wort lerne, versuche ich manchmal, mich an körperliche Empfindungen zu erinnern und Gegenstände zu «erschmecken» *(z. B. la fraise, la moutarde)*.

Bilder
Ich kann mir Wörter einfacher merken, wenn ich sie mir bildlich vorstelle, eine Zeichnung davon mache, z. B. in meiner Lernkartei, oder sie mit einer «fotografischen» Erinnerung verbinde.

Bewegung
Es hilft mir, wenn ich neue Ausdrücke pantomimisch darstelle oder eine typische Handlung dazu ausführe *(z. B. je dors, je cours)*.

Gefühle
Es hilft mir beim Lernen, wenn ich bestimmte Wörter positiven oder negativen Gefühlen zuordne *(z. B. positiv: nager, la plage, le soleil; negativ: crier, la peur, la nuit)*.

5B Wörter lernen und üben / Apprendre et exercer les mots

Wenn du weisst, mit welchen Sinnen du am besten Wörter lernst, kannst du das Wörterlernen danach ausrichten: Vielleicht sprichst du dir neue Wörter laut vor, schreibst sie mehrmals, bewegst dich rhythmisch beim Lernen usw. Um die neu gelernten Wörter länger im Gedächtnis zu behalten, musst du sie immer wieder üben. Dies kannst du auf unterschiedliche Arten tun.

Wiederholen
Wiederhole die gelernten Wörter regelmässig und in kleinen Portionen.

Sinnvolle Zusammenhänge
Bette die Wörter in einen Ausdruck oder einen Satz ein. Merke dir einen einprägsamen Satz im Lehrmittel oder erfinde selbst einen Satz.

Wortschatzkartei
Lege eine Wortschatzkartei an. Überlege, ob du dabei auch Bilder und Zeichnungen als Merkhilfen verwenden willst.

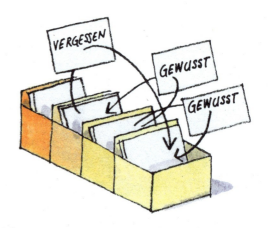

Computer, Tablet, Smartphone
Übe die neuen Wörter mithilfe deines Computers, Tablets oder Smartphones, z. B. mit speziellen Wortschatzprogrammen.

Lernspiele
Verwende Karten-, Würfel- oder Ratespiele (z. B. Memory, Domino), Kreuzworträtsel oder andere Spielformen, um die Wörter besser zu behalten.

Praktische Merkhilfen
Beschrifte (z. B. zuhause) Gegenstände mit Klebezetteln, auf denen die französische Bezeichnung steht; verwende Eselsbrücken, um dir etwas Wichtiges zu merken usw.

Sprachen lernen | **Apprendre les langues** 23

5C Ordnen und vernetzen / Structurer les mots

Du behältst Wörter besser im Gedächtnis, wenn du sie ordnest und miteinander vernetzt. Es gibt verschiedene «Netze», die du knüpfen kannst.

Verbinde neue Wörter mit Wörtern, die dir bereits **bekannt** sind (Parallelwörter aus anderen Sprachen).

danser (Französisch), tanzen (Deutsch), dance (Englisch),
février (Französisch), Februar (Deutsch), February (Englisch), februar (Kroatisch)

Suche Wörter, die zur gleichen **Wortfamilie** gehören.

chanter, la chanson, le chanteur, la chanteuse, le chant

Lerne ein neues Wort zusammen mit **ähnlich klingenden Wörtern**.

Le gros manteau de Bruno.
Il est bon, le bonbon!

Notiere Wörter, die du unter dem gleichen **Oberbegriff** zusammenfassen kannst.

la batterie, le piano, la guitare → les instruments

Suche Wörter, die **dieselbe Bedeutung** haben (Synonyme) oder das **Gegenteil** aussagen (Antonyme).

Synonyme: le vélo = la bicyclette, le copain = l'ami
Antonyme: grand ≠ petit, chaud ≠ froid

Verbinde neue Wörter mit Wörtern, die der gleichen **Wortart** angehören.

Nomen: le chat → le chien
Verben: le chat miaule → le chien aboie

Ergänze neue Wörter mit Ausdrücken, die **eng zusammengehören** und die oft zusammen verwendet werden.

jouer de la trompette, jouer au foot
prendre le train, prendre l'ascenseur, prendre le petit déjeuner

Verknüpfe Wörter miteinander, die zum selben **Thema** passen.

6 Auswendiglernen / Apprendre par cœur

Du musst immer wieder kürzere oder längere Texte auswendig lernen: einen Merkvers, ein Gedicht, ein Rollenspiel oder eine Rolle in einem Theaterstück. Für das Auswendiglernen gibt es nützliche Tipps und Tricks, die du auch miteinander kombinieren kannst.

Teile einen längeren Text in kürzere Sequenzen auf und lerne diese **in kleineren Portionen** auswendig.

Präge dir den Text **rhythmisch sprechend** oder **singend** ein.

Sprich den Text **mithilfe einer Tonaufnahme** mit und drehe die Lautstärke immer mehr zurück, bis du den Text ohne Ton auswendig sagen kannst.

Bewege dich beim Auswendiglernen: Lies z. B. eine Zeile oder einen Satz beim Hingehen und wiederhole ihn auswendig beim Zurückgehen.

Stelle dir den Text wie in einem Film als Folge von verschiedenen **Bildern** oder als ein Einzelbild vor, das du in Gedanken durchschreiten kannst.

Decke den geschriebenen Text zunehmend **ab** (z. B. mit Gegenständen aus deinem Etui).

Stelle dich **vor einen Spiegel** und sprich deinem Spiegelbild das auswendig Gelernte vor.

Lernt zu zweit mit Echo: Lies eine Zeile oder einen Satz vor, deine Partnerin oder dein Partner spricht den Text etwas leiser wie ein Echo nach. Wiederhole die Zeile oder den Satz noch leiser und auswendig.

Techniken und Strategien
Les techniques et les clés magiques

Techniken und Strategien | **Les techniques et les clés magiques**

1 Nützliche Techniken
Quelques techniques utiles

Aus dem Deutsch- oder Englischunterricht kennst du bereits verschiedene **Arbeitstechniken,** die du auch im Französischunterricht einsetzen kannst. Du kannst dir die Techniken als eine Art Werkzeugkiste vorstellen, die du immer bei dir trägst und aus der du dich in verschiedenen Situationen bedienen kannst.

Souligner et surligner
Hebe Schlüsselwörter oder wichtige Stellen in einem Lesetext hervor, indem du sie unterstreichst oder markierst. Das **Markieren** hilft dir auch beim Textverständnis: Übermale Parallelwörter, bekannte Ausdrücke, wichtige Satzteile oder ganze Sätze.

Prendre des notes
Mache dir **Notizen.** Du kannst deine Notizen in verschiedenen Situationen verwenden: Du möchtest dich z. B. an Stichwörter zu einem Hörtext erinnern. Um etwas Wichtiges festzuhalten, machst du Randnotizen zu einem Lesetext. Du sollst einen Text zu einem bestimmten Thema verfassen und notierst Stichworte oder du möchtest mit einem Spickzettel ein Gespräch oder einen Vortrag vorbereiten.

Faire un remue-méninges
Halte mithilfe eines **Brainstormings** spontane Gedanken oder Vermutungen zu einem bestimmten Thema fest. Du kannst ein Brainstorming alleine oder mit Mitschülerinnen und Mitschülern durchführen.

Faire un réseau de mots
Du kennst zwei Arten von **Wortnetzen:** Mindmap und Cluster.

Plane einen Text oder mache eine Zusammenfassung mithilfe einer **Mindmap.** Mit einer Mindmap kannst du auch den Lernwortschatz ordnen.

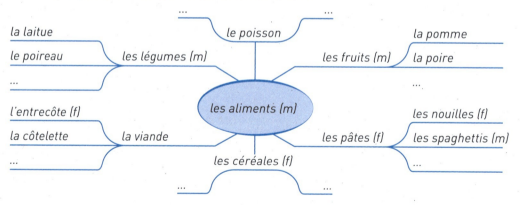

Sammle Ideen für einen Text oder für eine Präsentation in einem **Cluster.** Ein Cluster hilft dir auch, Wörter zu einem bestimmten Thema zusammenzufassen (z. B. für den persönlichen Wortschatz).

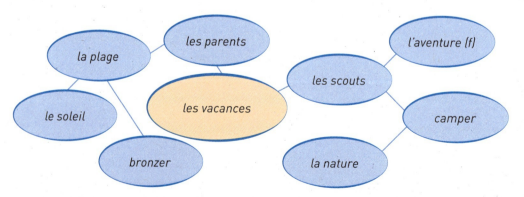

Techniken und Strategien | **Les techniques et les clés magiques**

2 Hilfreiche Strategien
Les clés magiques

Die folgenden Strategien sind **clés magiques** (Schlüssel) für das Lesen, Hören, Sprechen und Schreiben.

- Die **Hör- und Leseschlüssel** helfen dir, Texte zu «knacken» und deren Sinn zu erschliessen.
- Die **Sprech- und Schreibschlüssel** helfen dir, dich mündlich oder schriftlich mitzuteilen.

Nicht jeder Schlüssel ist in jeder Situation gleich hilfreich: Du entscheidest jeweils selbst, welche Schlüssel du einsetzen möchtest. Bestimmte Schlüssel lassen sich in unterschiedlichen Situationen einsetzen.

2A Hörschlüssel
Les clés magiques pour écouter et comprendre

Avant l'écoute

Vorausinformationen
Nutze Bilder oder andere Hinweise zum Hörtext, um erste Vermutungen zum Inhalt anzustellen.

Vorwissen
Überlege, was du bereits zum Thema weisst und welche Erfahrungen du damit verbinden kannst.

Hörabsicht
Vergewissere dich, was du nach dem Anhören des Textes wissen musst.

Pendant l'écoute

Situation
Achte in Hörtexten auf Stimmen und Geräusche, in Filmsequenzen auf Mimik und Gestik von Personen.

Aufmerksames Zuhören
Versuche, Namen, Zahlen, Parallelwörter und Wortwiederholungen herauszuhören.

Intelligentes Raten
Errate die Bedeutung von schwierigen Stellen aus dem Zusammenhang: Was hast du verstanden, wie lassen sich neue Informationen mit bereits Bekanntem verknüpfen?

Innere Bilder
Mache dir ein Bild vom Gehörten.

Austausch
Tausche dich mit deinen Mitschülerinnen und Mitschülern aus: Besprecht, was ihr verstanden habt.

Après l'écoute

Veranschaulichung
Gib den Inhalt des Hörtextes in Form einer Zeichnung, eines Plakats oder einer Mindmap wieder.

2B Leseschlüssel — Les clés magiques pour lire et comprendre

Avant la lecture
vor der lesen

Überblick — *photos*
Verschaffe dir zuerst einen Überblick: Gibt es Bilder zum Text? Um welche Textsorte handelt es sich (Interview, Reportage, Geschichte, Gedicht)?

Vermutungen — *contexte / content*
Versuche anhand der Titel und Zwischentitel herauszufinden, worum es im Text geht.

Vorwissen
Überlege, was du bereits zum Thema weisst und welche Erfahrungen du damit verbinden kannst.

Leseabsicht
Vergewissere dich, worin das Leseziel besteht und was du nachher wissen musst.

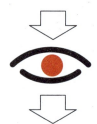

Pendant la lecture
ven lesen

W-Fragen
Stelle die W-Fragen: Wer? Was? Mit wem? Womit? Wo? Wann? Wie? Warum?

Vom Bekannten zum Unbekannten
Suche im Text Eigennamen und Zahlen, bereits bekannte Wörter und Parallelwörter.

Wortfamilien
Entschlüssle unbekannte Wörter, indem du nach Verbindungen zu bekannten Wörtern aus derselben Wortfamilie suchst (z. B. *jour*, bon***jour***, ***jour***nal, ***jour***naliste).

Intelligentes Raten
Errate die Bedeutung eines Wortes oder eines Satzes aus dem Zusammenhang: Was steht vor, was nach der unbekannten Stelle?

Schlüsselwörter
Suche nach Wörtern, die immer wieder vorkommen und die für das Verständnis des Textes wichtig sind.

Signalwörter
Halte Ausschau nach Wörtern, die dir zeigen, wie der Text aufgebaut ist (z. B. *d'abord, puis, ensuite*).

Hilfsmittel
Verwende Hilfsmittel wie das Wörterverzeichnis im Lehrmittel, Wörterbücher oder das Internet.

Austausch
Tausche dich mit deinen Mitschülerinnen und Mitschülern aus und besprich mit ihnen die Textstellen, die du noch nicht verstanden hast.

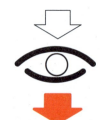

Après la lecture
nach der lesen

Veranschaulichung
Gib den Inhalt des Textes in Form einer Zeichnung, eines Plakats oder einer Mindmap wieder.

Fortsetzung
Erfinde eine Fortsetzung zum Text.

2C Sprechschlüssel
Les clés magiques pour faire des présentations

Avant la présentation

Vorwissen
Überlege, was du bereits zum Thema weisst und welche Erfahrungen du damit verbinden kannst.

Sprechabsicht
Überlege, worum es bei deiner Präsentation geht: Willst du etwas erklären oder beschreiben, willst du erzählen oder argumentieren?

Spickzettel
Bereite einen Spickzettel vor: Notiere z. B. eine Wörterliste, eine Mindmap, Satzanfänge.

Veranschaulichung
Suche nach Bildern oder Gegenständen, notiere wichtige Wörter, die du an die Tafel oder auf ein Plakat schreiben willst.

Pendant la présentation

Sich zu helfen wissen
Hilf dir selbst, wenn dir einmal die Worte fehlen: Setze Mimik und Gestik ein, zeige auf Gegenstände oder mache typische Geräusche. Wechsle im Notfall ins Deutsche.

Sprechpausen überbrücken
Benütze Füllwörter (z. B. voilà, alors, hem) oder mache Umschreibungen, wenn du einmal nicht weiterweisst.

Après la présentation

Fragen
Stelle deinen Mitschülerinnen und Mitschülern Fragen und versuche, ihre Fragen zu beantworten.

Rückschau
Nimm Rückmeldungen deiner Mitschülerinnen und Mitschüler sowie deiner Lehrerin oder deines Lehrers entgegen und berücksichtige diese beim nächsten Mal.

2D Gesprächsschlüssel
Les clés magiques pour participer à une discussion

Avant la discussion

Vorwissen
Überlege, was du bereits zum Thema weisst und welche Erfahrungen du damit verbinden kannst.

Sprechabsicht
Überlege, worum es beim Gespräch geht: Bereitest du ein Interview, ein Rollenspiel oder eine Diskussion vor?

Spickzettel
Bereite einen Spickzettel vor: Notiere z. B. eine Wörterliste, eine Mindmap oder Satzanfänge.

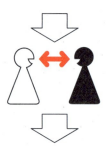

Pendant la discussion

Sich zu helfen wissen
Setze Mimik und Gestik ein, wenn dir die Worte fehlen, zeige auf Gegenstände oder bitte deine Gesprächspartnerinnen und Gesprächspartner um Hilfe. Wechsle im Notfall ins Deutsche.

Beobachten
Beobachte deine Gesprächspartnerinnen und Gesprächspartner: Achte auf Mimik und Gestik oder Wiederholungen.

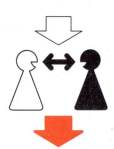

Après la discussion

Rückschau
Bitte die Mitschülerinnen und Mitschüler oder die Lehrperson um Rückmeldungen und berücksichtige diese beim nächsten Mal.

2E Schreibschlüssel
Les clés magiques pour écrire des textes

Avant: planifier le texte

Vorwissen
Überlege, was du bereits zum Thema weisst und welche Erfahrungen du damit verbinden kannst.

Schreibabsicht
Denke an den Empfänger des Textes: Schreibst du einen Aufsatz, eine Postkarte oder einen Brief? Willst du über etwas berichten, jemanden informieren oder anfragen?

Ideensammlung
Sammle und ordne Ideen zum Inhalt: Mache z. B. ein Brainstorming oder eine Mindmap, stelle die W-Fragen: Wer? Was? Mit wem? Womit? Wo? Wann? Wie? Warum?

Textaufbau
Plane den Aufbau deines Textes: Zeichne z. B. ein Schema, eine Strukturskizze oder eine Gedankenreise.

Wortschatz
Erstelle eine Sammlung von hilfreichen Ausdrücken zum Thema, z. B. eine Wörterliste oder eine Mindmap, bereite Satzbausteine vor.

Strukturen
Stelle eine Liste mit Strukturen zusammen, die vermutlich in deinem Text auftauchen (z. B. Vergangenheitszeiten in einem Ferienbericht) und schlage diese nach (z. B. im Grammatikteil von «dis voir!»).

Pendant: écrire le texte

Modelle
Verwende Mustersätze oder orientiere dich an Modelltexten.

Textaufbau
Baue deinen Text logisch auf: Verwende Signalwörter *(z. B. d'abord, puis, ensuite)*.

Sich zu helfen wissen
Verwende Zeichnungen, Bilder oder Wörter aus anderen Sprachen, wenn dir die Wörter fehlen.

Hilfsmittel
Benütze Wörterbücher, das Wörterverzeichnis im Lehrmittel, das Internet oder dein Nachschlagewerk «dis voir!».

Après: retravailler le texte

Überarbeitung
Plane mehrere Korrekturdurchgänge: Prüfe Aufbau und Verständlichkeit, suche nach «Lieblingsfehlern», lies dir den Text halblaut vor (Klangprobe).

Austausch
Tauscht die Texte in der Gruppe aus, schreibt eine persönliche Rückmeldung (Textlupe) oder überarbeitet die Texte gemeinsam in einer Schreibkonferenz.

Gestaltung
Gib deinem Text eine persönliche Note: Gestalte eine illustrierte Reinschrift oder ein Plakat mit Text und Bildern, vertone den Text.

Rückschau
Überlege dir, was dir gut gelungen ist (beim Planen, Formulieren, Überarbeiten, Gestalten) und worauf du in Zukunft besonders achten willst.

Wortbildung

La formation des mots

1 Wortfamilien / Familles de mots

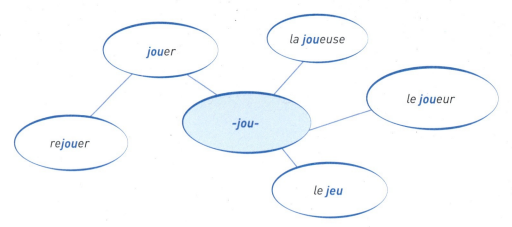

Eine **Wortfamilie** (famille de mots) ist eine Gruppe von Wörtern, die auf den gleichen **Wortstamm** zurückgehen. Wortfamilien kennst du aus dem Deutschen.

spielen, gespielt, Spieler, Zuspiel, Spielerei, spielerisch, spielend, verspielt

Auch im Französischen gibt es Wortfamilien:

jouer, le joueur, la joueuse, rejouer (nochmals spielen), le jeu
le travail, travailler, le travailleur, la travailleuse, retravailler

Wenn es dir gelingt, den Wortstamm eines dir unbekannten Wortes zu erkennen, kannst du Ausdrücke selbst entschlüsseln. Beachte, dass sich der Wortstamm bisweilen verändern kann. Dies ist z. B. bei **jou**er und **jeu** der Fall.

2 Vorsilben und Nachsilben / Préfixes et suffixes

Wörter bestehen meist aus mehreren Bausteinen (Morphemen): An den **Wortstamm** (Stamm-Morphem) fügen sich **Vorsilben** (Vormorpheme) und **Nachsilben** (Nachmorpheme) an. Auf Französisch heissen Vorsilben **préfixes** und Nachsilben **suffixes**.

Wortstamm: Das Verb **porter** (tragen) besteht aus dem Wortstamm **port** und der Nachsilbe **-er**.
Vorsilbe: Wenn du zum Verb eine Vorsilbe hinzufügst, ändert sich die Bedeutung des Wortes, aber die Wortart bleibt dieselbe: **apporter** (herbeitragen, mitbringen), **transporter** (hinübertragen, transportieren).
Nachsilbe: Wenn du die Nachsilbe **-able** hinzufügst, machst du aus dem Verb ein Adjektiv: **transportable** (transportierbar).
Wenn du hingegen die Nachsilbe **-eur** hinzufügst, ergibt sich ein Nomen: le **transporteur** (der Spediteur).

Wenn du den Wortstamm eines Wortes erkennst und weisst, welche Bedeutung verschiedene Vor- oder Nachsilben haben, hilft dir dies beim Wörterlernen oder beim «Knacken» von unbekannten Wörtern in einem Text. Besonders spannend wird es, wenn du es wagst, selbst einmal ein Wort zu bilden.

Préfixes

Die Vorsilben (les préfixes) stammen meist aus dem Lateinischen oder Griechischen. Mit der Zeit haben sich die Vorsilben um der Aussprache willen oft dem Wortstamm angepasst.

in + *possible* → *impossible*
de + *ordre* → *désordre*

Auch andere Sprachen haben lateinische oder griechische Wörter oder Wortbausteine übernommen. Oft lohnt sich daher ein Vergleich mit dem Deutschen, Englischen oder mit weiteren Sprachen. In der folgenden Tabelle findest du eine Zusammenstellung einiger häufiger Vorsilben und deren Bedeutung.

préfixes	en français	in English	auf Deutsch	Bedeutung der Vorsilbe
re-	recommencer retourner	restart return	nochmals anfangen zurückkehren	wieder, nochmals, zurück
in-	incroyable impossible	incredible impossible	unglaublich unmöglich	nicht, das Gegenteil
mal-	malheureux/euse	unhappy	unglücklich	
mé-	mécontent/e	unsatisfied	unzufrieden	
co- con-	coopérer se concentrer	cooperate concentrate	kooperieren sich konzentrieren	zusammen, gemeinsam, mit
dis-	disparaître	disappear	verschwinden	auseinander, weg von
dé-	départ	departure	Abreise, Abflug	weg von, nicht mehr
pré-	préfabriqué/e	prefabricated	vorgefertigt	vor, vorher
sous-	sous-marin souligner	submarine underline	Unterseeboot unterstreichen	unter
trans-	transporter	transport	transportieren	über, hinüber
super-	supermarché	supermarket	Supermarkt	grösser als üblich, sehr gross, aussergewöhnlich
télé-	télévision	television	Fernsehen	fern, entfernt, über weite Strecken

Die Vorsilben **para-** und **anti-** haben die Bedeutung von «gegen, wider». So schützt ein *parasol* gegen Sonneneinstrahlung und die *crème antisolaire* gegen Sonnenbrand.

le **para**pluie

le **para**tonnerre

le **para**chute

le casque **anti**choc

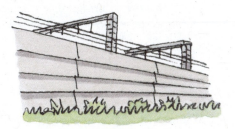

le mur **anti**bruit

Suffixes

Die Nachsilben (les suffixes) werden an den Wortstamm angehängt. Dadurch ändert sich oft die Wortart. In der Tabelle findest du einige Beispiele.

suffixes	en français				auf Deutsch
-esse	riche triste	adjectif	la rich**esse** la trist**esse**	nom	der Reich**tum** die Traurig**keit**
-isme	idéal social	adjectif	l'idéal**isme** (m) le social**isme**	nom	der Ideal**ismus** der Sozial**ismus**
-tion	admirer définir	verbe	l'admira**tion** (f) la défini**tion**	nom	die Bewunder**ung** die Defini**tion**
-eur/ -euse	danser vendre	verbe	le dans**eur**, la dans**euse** le vend**eur**, la vend**euse**	nom	der Tänz**er**, die Tänzer**in** der Verkäuf**er**, die Verkäufer**in**
-ble	manger lire	verbe	mangea**ble** lisi**ble**	adjectif	ess**bar** leser**lich**, gut les**bar**

Les métiers

Berufsbezeichnungen werden meist aus einem Verb oder einem Nomen abgeleitet.

vendre (Verb) → *le vendeur, la vendeuse*
la caisse (Nomen) → *le caissier, la caissière*

Im Französischen unterscheiden wir wie im Deutschen männliche und weibliche Berufsbezeichnungen. Im Englischen hingegen lautet die Bezeichnung für beide Geschlechter meist gleich.

suffixes	en français	in English	auf Deutsch
-ien -ienne	le music**ien** la music**ienne**	music**ian**	der Musik**er** die Musiker**in**
-an -anne	le pays**an** la pays**anne**	farm**er**	der Bau**er** die Bäuer**in**
-ier -ière	le jardin**ier** la jardin**ière**	garden**er**	der Gärtn**er** die Gärtner**in**
-eur -euse	le chant**eur** la chant**euse**	sing**er**	der Säng**er** die Sänger**in**
-teur -trice	l'institu**teur** l'institu**trice**	teach**er**	der Lehr**er** die Lehrer**in**

In einigen Fällen kannst du mit der Nachsilbe **-erie** auch angeben, wo der Beruf ausgeübt wird. So arbeiten beispielsweise der Schreiner oder die Schreinerin (le menuisier/la menuisière) in der **menuiserie.**

*le boulang**er**   la boulang**ère**   la boulang**erie**   die Bäcker**ei***
*le bouch**er**   la bouch**ère**   la bouch**erie**   die Metzger**ei***
*le fromag**er**   la fromag**ère**   la fromag**erie**   die Käser**ei***

3 Zusammengesetzte Wörter
Mots composés

Aus dem Deutschunterricht weisst du, dass du zwei oder mehrere selbstständige Wörter zu einem neuen Wort zusammensetzen kannst:

der Schlaf**zimmer**türschlüssel

Ähnliche «Schlangenwörter» gibt es in der französischen Sprache nicht. Zusammengesetzte Wörter lassen sich aber oft mithilfe der Präpositionen **de** und **à** wiedergeben:

la clé **de** la porte **de** la chambre **à** coucher
(wörtlich: der Schlüssel der Türe des Zimmers zum Schlafen)

Beachte die Reihenfolge der Wörter in den beiden Sprachen.

Es gibt aber auch im Französischen zusammengesetzte Wörter. Dabei werden verschiedene Wortarten miteinander kombiniert. Meist kannst du die Bedeutung eines zusammengesetzten Wortes selbst herleiten, wenn du die Bedeutung der Einzelwörter kennst. Wenn du solche Wörter in einem Lesetext antriffst, solltest du beim Erschliessen vorgehen wie ein Sprachdetektiv.

en français	Wortarten	auf Deutsch
le mot-clé	nom + nom	Schlüsselwort
l'ouvre-boîte (m)	verbe + nom	Büchsenöffner
le sous-sol	préposition + nom	Untergeschoss
bleu marine	adjectif + nom	marineblau

le sol   der Boden

Noms composés

Es gibt drei Arten, wie **Nomen zusammengesetzt** werden können: in einem Wort, mit Bindestrich oder mit einer Präposition (z. B. **à** oder **de**).

construction	en français	auf Deutsch
un seul mot	l'autoroute (f) l'aéroport (m) le passeport le portemanteau	die Autobahn der Flughafen der Pass der Kleiderständer
avec trait d'union	le gratte-ciel l'ouvre-boîte (m) la grand-mère les petits-enfants	der Wolkenkratzer der Büchsenöffner die Grossmutter die Enkelkinder
avec à/de	la salle **à** manger la brosse **à** dents la salle **de** bain la pomme **de** terre	das Esszimmer die Zahnbürste das Badezimmer die Kartoffel

Adjectifs composés

Zusammengesetzte Adjektive sind im Französischen selten. Wie im Englischen wird ein zusammengesetztes Adjektiv im Unterschied zum Deutschen meist mit zwei Wörtern wiedergegeben.

en français	in English	auf Deutsch
bleu clair	light blue	hellblau
bleu foncé	dark blue	dunkelblau
bleu ciel	sky-blue	himmelblau

Beachte die Reihenfolge der Wörter in den drei Sprachen.

Aussprache, Betonung und Satzmelodie

Prononciation, intonation et mélodie de la phrase

1 Das Alphabet
L'alphabet

Das französische Alphabet hilft dir beim **Buchstabieren** von Wörtern. Einzelne Buchstaben werden anders ausgesprochen als im Deutschen und im Englischen. Auf der Lernplattform kannst du dir den ABC-Rap anhören. Im Internet findest du auch englische Songs zum Alphabet.

2 Die Aussprache
La prononciation

Anders als im Deutschen unterscheidet sich die **Aussprache** im Französischen oft von der **Schreibweise.** Dies ist auch im Englischen der Fall. Nachstehend findest du eine Reihe von Tierbezeichnungen mit den **Lauten** der französischen Sprache. Höre dir auf der Lernplattform an, wie diese ausgesprochen werden. Achte besonders auf die rot markierten Buchstaben.

Wie wird ein Wort ausgesprochen, das du noch nicht kennst? In Wörterbüchern findest du die Aussprache jeweils in phonetischer Schreibweise in eckigen Klammern. Dabei werden, wie in der Liste Seite 40, die Symbole des «Internationalen phonetischen Alphabets» verwendet.

Die folgenden Laute in eckigen Klammern sind für die französische Sprache typisch. Verschiedene **Zungenbrecher** (virelangues) unterstützen dich beim Einüben dieser speziellen Laute. Höre dir auf der Lernplattform an, wie diese ausgesprochen werden.

Les nasales

Im Unterschied zum Deutschen und Englischen kennt das Französische verschiedene nasale Vokale.

[ã]	le serp**en**t [sɛRpã], l'**en**fant, la ch**am**bre, l'**em**ployé(e)	D**an**s ta t**en**te, ta t**an**te t'att**en**d.
[ɛ̃]	le lap**in** [lapɛ̃], le ch**ien**, la f**aim**	Le mat**in**, mon cous**in** Al**ain** prend le tr**ain** avec R**in**t**in**t**in**, son ch**ien**.
[ɔ̃]	le coch**on** [kɔʃɔ̃], le n**om**bre	Poiss**on** sans boiss**on** est pois**on**.

Les sourdes et les sonores

Beachte die Unterscheidung zwischen stimmlosen und stimmhaften Lauten.

Stimmlose Laute   **Stimmhafte Laute**

[s]	le **s**inge [sɛ̃ʒ], la le**ç**on, di**x**	Fran**ç**oi**se** adore la **s**alade ni**ç**oi**s**e.	[z]	le **z**èbre [zɛbR], la ro**s**e
[f]	la **f**ourmi [fuRmi], la **ph**oto	**V**ingt **f**ourmis in**v**itent **v**ingt élé**ph**ants au **f**estin.	[v]	la **v**ache [vaʃ], le **w**agon
[ʃ]	le **ch**ien [ʃjɛ̃], la **ch**aise	**Ch**iens et **ch**ats **ch**antent et **j**ouent **ch**aque **j**our **ch**ez **J**o**j**o le **ch**eval.	[ʒ]	le **j**aguar [ʒagwaR], la **g**irafe, le **g**endarme

Tipp
Stimmhafte Laute [z], [v], [ʒ]: Spüre, wie dein Kehlkopf vibriert.

Beachte

[ʒ]	g + i/e	la **g**irafe, le **g**endarme
[g]	g + a/o/u	le **g**orille, la **g**are, la **g**uitare
[s]	c + i/e	la **c**igale, le **c**ervelas
[s]	ç + a/o/u (ç = c cédille)	la fa**ç**ade, le gar**ç**on, j'ai re**ç**u
[k]	c + a/o/u	le **c**anard, le **c**oncert, la **c**ulture

la tente	das Zelt
le poison	das Gift
le festin	das Festessen

Les semi-voyelles

Im Französischen begegnest du sogenannten **Halbvokalen,** die gleichzeitig Vokale und Konsonanten sind.

[w]	le p**oi**sson [pwasɔ̃], le l**oi**sir, m**oi**, n**oi**r, **ou**i	Qu**oi**! qu**oi**! qu**oi**! Les corbeaux sont dans les b**oi**s.
[j]	le pap**ill**on [papijɔ̃], le sole**il** br**ill**e	Pour f**ui**r le br**ou**illard: un b**ill**et pour Marse**ill**e où br**ill**e le sole**il**.
[ɥ]	l'**hu**ître [ɥitR], **hu**it, n**ui**t, ens**ui**te	Fr**ui**t c**ui**t, fr**ui**t c**ru**, fr**ui**t c**ru**, fr**ui**t c**ui**t.

«e» avec et sans accent

Der Buchstabe **e** wird unterschiedlich ausgesprochen, je nachdem, ob er ohne oder mit Akzent verwendet wird.

e	sans accent	la gr**e**nouille [gRənuj]	[ə]	
é	avec accent **aigu**	l'**é**l**é**phant [elefã]	[e]	
è	avec accent **grave**	la ch**è**vre [ʃɛvR]	[ɛ]	
ê	avec accent **circonflexe**	la b**ê**te [bɛt]		

Beachte
Am Ende eines Wortes wird der Buchstabe **-e** in der Regel zu einem **stummen e:** Er wird nicht ausgesprochen.

*le crocodil**e**, la port**e**, la pomm**e** vert**e***
*Je regard**e**, tu regard**es**, elles regard**ent***

fuir qc	vor etwas fliehen
le brouillard	der Nebel
cuit	gekocht
cru	roh

Un son, différentes graphies

Es gibt Laute, die gleich ausgesprochen, aber unterschiedlich geschrieben werden.

Le ver va vers le verre vert!

[e]	l'éléphant, la poupée, le pied, manger, dessinez, elle a chanté et dansé
[ɛ]	la chèvre, la fenêtre, l'hiver, le poulet, le verre, treize, mais
[o]	le léopard, l'hôtel, le zoo, le dauphin, le château

Salut! Bonjour!

Beachte den Unterschied bei der Aussprache von **u** und **ou**.

[y]	Das französische **u** entspricht dem deutschen **ü:** l'autruche [otRyʃ], le Jura, le jus, tu, salut
[u]	Das französische **ou** entspricht dem deutschen **u:** la souris [suRi], Fribourg, août, vous, où

Un hibou roux et doux hurle et hulule comme un fou.

Burp! Bürp!

3 Die Betonung / L'intonation

Im Unterschied zum Englischen und Deutschen werden im Französischen nicht einzelne Wörter betont. Vielmehr wird der **Akzent** jeweils auf den **Schluss** eines Wortes, einer Wortgruppe, eines Teilsatzes oder eines Satzes gelegt. Du kannst dir auf der Lernplattform anhören, wie sich der Akzent in den folgenden Beispielen immer weiter nach hinten verschiebt.

Ta glace?
Ta glace au chocolat?
Ta glace au chocolat noir?
Ta glace au chocolat noir est au congélateur.

Beachte
Die Betonung im Schweizerdeutschen unterscheidet sich deutlich vom Französischen: Es wird jeweils der Wortanfang betont.

Dini Schoggiglace isch im Gfrürfach.

Aus Gewohnheit wird die schweizerdeutsche Betonung oft auf das Französische übertragen. Man spricht dann mit einem Augenzwinkern vom sogenannten «français fédéral».

Ta glace au chocolat noir est au congélateur.

hurler, hululer — Ruf der Eule

4 Die Satzmelodie
La mélodie de la phrase

Die **Satzmelodie** ändert sich, je nachdem, ob du eine Aussage machst, einen Befehl gibst oder eine Frage stellst.

Im **Aussagesatz** und im **Befehlssatz** wird die Stimme in der Regel am Ende **gesenkt,** im **Fragesatz** wird die Stimme am Ende **angehoben.**

Aussagesatz	Befehlssatz	Fragesatz
Je prends le bus.	*Prends le bus.*	*Tu prends le bus?*
Nous rentrons à pied.	*Rentrez à pied.*	*Est-ce que vous rentrez à pied?*

Beim Lesen und gleichzeitigen Hören des folgenden Dialogs erkennst du, wie durch Anheben und Absenken der Stimme eine Satz- beziehungsweise Textmelodie entsteht.

Claudine	Salut Mirjam, ça va?
Mirjam	Hello Claudine, ça va bien, merci, et toi?
Claudine	Extra!
Mirjam	Voilà, je te présente mon père.
Père de Mirjam	Bonjour Claudine.
Claudine	Bonjour Monsieur, enchanté.
Père de Mirjam	Bienvenue à Neuchâtel. Tout va bien?
Claudine	Super, merci.
Père de Mirjam	Excusez-moi, je dois vous laisser.
Mirjam	Ce n'est pas grave. Tchao Papa.
Claudine	Au revoir, Monsieur.
Père de Mirjam	Au revoir les filles.

5 Bindungen | Les liaisons

In der gesprochenen Sprache werden oft Wörter miteinander verbunden. Schlusskonsonanten, die du normalerweise nicht hörst, verschmelzen dabei mit dem Anfangsvokal des nachfolgenden Wortes und werden ausgesprochen.

Vergleiche:
Ça fait deux francs ↔ Ça fait deux‿euros.

Die folgenden Sätze findest du auch auf der Lernplattform.

[z] Vous‿avez un moment? [vuzave]
     Je te présente mes‿amis.
     Elles‿ont regardé un film.
     C'est très‿intéressant.
     As-tu vu les grands‿éléphants?
     Est-ce que tu me prêtes deux‿euros?

[n] J'adore faire du ski en‿hiver. [ɑ̃nivɛR]
     C'est vraiment un‿acteur connu!

[t] Comment‿allez-vous? [kɔmɔtale vu]
     Sont‿-ils arrivés?
     C'est vraiment un grand‿acteur!
     Tu as tout‿à fait raison!
     Hier, il est‿allé à l'école à pied.

[R] J'habite au premier‿étage.
     [pRəmjɛRetaʒ]
     Il prend le dernier‿autobus.

Beachte
et wird niemals verbunden.

z. B. vingt **et** / un
Mes amis Paul **et** / André

6 Auslassungen | L'élision

Die Schlussvokale **-a** und **-e** entfallen vor Wörtern, die mit einem Vokal beginnen. So wird vermieden, dass zwei Vokale aufeinanderprallen.

l**a** école → Elle va à **l'**école.
m**e** appelle → Je **m'**appelle Zoé.
qu**e** elle → Je sais **qu'**elle est là.

Beachte
Das **-i** von **-si** (ob, wenn) entfällt nur vor **il/ils.**

Je me demande **s'**ils sont malades. ↔ Elle vient, **si** elle a le temps.

7 Sonderfall «h» / Le «h», un cas spécial

Im Französischen wird das **h** nie ausgesprochen. Es wird teils wie ein Vokal, teils wie ein Konsonant behandelt. Entsprechend ist eine **Auslassung** zwingend oder aber untersagt.

h = voyelle → élision obligatoire	h = consonne → pas d'élision
L'hôtel Bellevue est trop cher pour moi.	*Le handicapé se déplace en fauteuil roulant.*
Il fait ses courses à l'hypermarché.	*Le handball est son sport préféré.*
Elle est toujours à l'hôpital.	*Tu joues au hockey?*

Je nachdem, ob das **h** ein Vokal oder ein Konsonant ist, ist auch die **Bindung** zwingend oder aber untersagt.

h = voyelle → liaison obligatoire	h = consonne → pas de liaison
Astérix chez les‿Helvètes	*Est-ce que tu aimes les / hamburgers?*
En‿hiver, il fait froid.	*Il faut mettre l'adresse en / haut.*
Je ne connais pas cet‿homme.	*Ce / hibou me fait peur.*

Beachte
Der bestimmte Artikel zeigt dir, ob das **h** am Wortanfang ein Vokal oder ein Konsonant ist.

l'hôtel (Vokal) ⟷ *le hamburger* (Konsonant)

Grammatik

La grammaire

Erklärung des Farbcodes im Grammatikteil

Im Grammatikteil von «dis voir!» findest du neben dem Titel jeweils unterschiedliche Farben. Hier siehst du, was dieser Farbcode bedeutet.

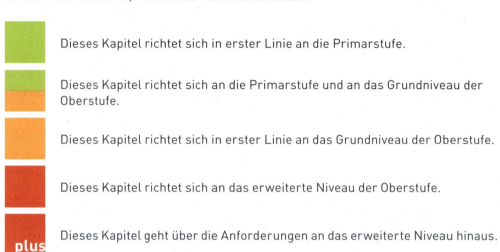

Dieses Kapitel richtet sich in erster Linie an die Primarstufe.

Dieses Kapitel richtet sich an die Primarstufe und an das Grundniveau der Oberstufe.

Dieses Kapitel richtet sich in erster Linie an das Grundniveau der Oberstufe.

Dieses Kapitel richtet sich an das erweiterte Niveau der Oberstufe.

Dieses Kapitel geht über die Anforderungen an das erweiterte Niveau hinaus.

Selbstverständlich ist es nicht verboten, sich Kapitel anzusehen, die für eine andere Stufe oder ein anderes Anspruchsniveau gedacht sind.

Vielleicht möchtest du zum Beispiel als Oberstufenschülerin nachschauen, was du in der Primarschule gelernt hast – dann liest du nochmals ein **grün** markiertes Kapitel durch.

Oder du möchtest als Primarschüler mehr zu einem Thema wissen – dann schaust du dir das nachfolgende **orange** gekennzeichnete Kapitel an.

Vielleicht bist du an weiterführenden Erklärungen interessiert, die über die **rot** markierten Anforderungen des erweiterten Niveaus an der Oberstufe hinausgehen. Diese sind mit **plus** gekennzeichnet.

1 Ich kann über mich und andere sprechen

1A Ich kann mich vorstellen / Je me présente

Salut. Qu'est-ce que vous faites à Lausanne?
– Nous faisons notre course d'école.
Et vous venez d'où?
– Nous habitons à Saint-Gall.

Pardon, Monsieur, vous venez de Lausanne?
– Oui, j'habite ici.
Pouvez-vous me dire où est la gare?
– Elle est juste là, devant toi.

1B Personalpronomen (Subjekt) / Les pronoms personnels (sujets)

Im Französischen gibt es unbetonte und betonte Personalpronomen. Die **unbetonten Personalpronomen** (Subjekt) begleiten das Verb.

	Singular	Plural/Höflichkeitsform
1. Person	*Je* viens de Lausanne.	*Nous* faisons notre course scolaire.
2. Person	*Tu* habites où?	*Vous* venez d'où? *Vous* venez de Lausanne, Monsieur?
3. Person	*Il* s'appelle Patrick. *Elle* habite à Fribourg. À Fribourg, *on* parle deux langues.	*Ils* sont Suisses. *Elles* habitent en France.

Beachte
Anstelle von **nous** wird in der gesprochenen Sprache oft die Form **on** verwendet:

Vous habitez où?   **Nous** habitons à Lausanne.
　　　　　　　　　　On habite à Lausanne.

1C Betonte Personalpronomen — Les pronoms personnels toniques

Mit den **betonten Personalpronomen** werden Personen **hervorgehoben.**

	Singular	Plural/Höflichkeitsform
1. Person	*Moi*, je viens de Genève.	*Nous*, nous faisons notre course d'école. *Nous*, on fait des vacances.
2. Person	*Toi*, tu habites où?	Et *vous*, Monsieur, vous venez de Lausanne?
3. Person	*Lui*, il s'appelle Christian. *Elle*, elle habite à Fribourg.	*Eux*, ils sont Suisses alémaniques. *Elles*, elles habitent en France.

Die betonten Personalpronomen werden oft auch **alleinstehend, nach einer Präposition** (z. B. avec, pour) oder **nach c'est/ce sont** verwendet:

Qui va effacer le tableau noir? – Moi.
C'est trop difficile pour lui.
Nous parlons souvent avec eux.
Qui est là? – C'est moi.

Die betonten Personalpronomen verwendest du auch im **Imperativ** (Befehlsform) der **reflexiven Verben** (verbes pronominaux):

Assieds-toi.
Préparons-nous.
Levez-vous.

Grammatik
10C Befehlsform der rückbezüglichen Verben, Seite 80

2 Ich kann über Beziehungen und Besitzverhältnisse sprechen

2A Ich kann meine Familie vorstellen — Je présente ma famille

Je vous présente ma famille:

Voici mes parents. Mon père s'appelle Louis et ma mère s'appelle Yvette.

Mon frère Marc a quinze ans.
Il va encore à l'école.
Ma sœur Suzanne apprend l'anglais en Australie.

Nos parents travaillent tous les deux: notre mère travaille à la poste, notre père est informaticien.

Nous habitons à Neuchâtel.

2B Besitzanzeigende Pronomen (Begleiter) / Les adjectifs possessifs

Um eine Beziehung und Besitzverhältnisse zu beschreiben, verwendest du die **besitzanzeigenden Pronomen**. Sie sind **Begleiter** des Nomens (adjectifs possessifs).

	Singular (m)	Singular (f) vor Konsonant	vor Vokal	Plural (m/f)
1. Pers. Singular	*mon* manteau	*ma* chemise	*mon_école*	*mes* livres (m)
2. Pers. Singular	*ton* pantalon	*ta* blouse	*ton_institutrice*	*tes* gommes (f)
3. Pers. Singular	*son* pull	*sa* veste	*son_amie*	*ses* stylos (m)
1. Pers. Plural		*notre* manteau		*nos* trousses (f)
2. Pers. Plural		*votre* blouse		*vos* cahiers (m)
3. Pers. Plural		*leur* voiture		*leurs* étuis (m)

Vor **weiblichen Nomen**, die mit einem **Vokal** beginnen (a, e, i, o, u), werden **ma, ta, sa** zu **mon, ton, son**. Das **n** wird ausgesprochen. So entsteht eine Bindung, die die Aussprache erleichtert:

*C'est **son**_amie.*

Im **Plural** wird das **s** vor einem Vokal ausgesprochen:

mes_amis, tes_animaux, leurs_étuis

Beachte

Aussprache, Betonung und Satzmelodie
5 Bindungen, Seite 45

Das ist **ihr** Velo.	Das ist **ihr** Velo.	Das sind **ihre** Velos.
C'est **son** vélo.	C'est **leur** vélo.	Ce sont **leurs** vélos.

Um eine Beziehung oder Besitzverhältnisse zu beschreiben, verwendest du oft auch **de**:

*Le frère **de** ma mère* (wörtlich: von meiner Mutter) *est mon oncle.*
Der Bruder meiner Mutter ist mein Onkel.

*Le chien **de** Tintin* (wörtlich: von Tintin) *s'appelle Milou.*
Tintins Hund heisst Milou.

*Le mécanicien répare la voiture **de** mon père* (wörtlich: von meinem Vater).
Der Mechaniker repariert das Auto meines Vaters.

---

*C'est **son** argent.* – Es ist **ihr** Geld. – It's **her** money.

Im Gegensatz zum Deutschen und Englischen unterscheidet das Französische in der 3. Person nicht, ob der «Besitzer» weiblich oder männlich ist. Entscheidend ist im Französischen das Geschlecht des «Besitztums».

Jean, Hans, John	**Suzanne, Susanne, Susan**
*Jean joue avec **sa** sœur et **son** frère.*	*Suzanne joue avec **sa** sœur et **son** frère.*
Hans spielt mit **seiner** Schwester und **seinem** Bruder.	Susanne spielt mit **ihrer** Schwester und **ihrem** Bruder.
John plays with **his** sister and **his** brother.	Susan plays with **her** sister and **her** brother.

C'est **son** argent.
Es ist **ihr** Geld.
It's **her** money.

2C Besitzanzeigende Pronomen (Stellvertreter) — Les pronoms possessifs

Um eine Beziehung oder Besitzverhältnisse zu beschreiben, verwendest du neben Begleitern des Nomens auch **Stellvertreter** des Nomens (pronoms possessifs). Diese helfen dir, Wiederholungen zu vermeiden:

*Toi, tu me donnes **ton** vélo, moi, je te donne **mon** vélo.*
*Toi, tu me donnes **ton** vélo, moi, je te donne **le mien**.*

	Singular (m) *Ce vélo, c'est...*	Singular (f) *Cette trottinette, c'est...*	Plural (m) *Ces livres, ce sont...*	Plural (f) *Ces gommes, ce sont...*
1. Pers. Singular	le mien	la mienne	les miens	les miennes
2. Pers. Singular	le tien	la tienne	les tiens	les tiennes
3. Pers. Singular	le sien	la sienne	les siens	les siennes
1. Pers. Plural	le nôtre	la nôtre	les nôtres	les nôtres
2. Pers. Plural	le vôtre	la vôtre	les vôtres	les vôtres
3. Pers. Plural	le leur	la leur	les leurs	les leurs

Besitzanzeigende Pronomen werden in Geschlecht und Zahl dem «Besitztum» angeglichen.

Beachte
Man schreibt **notre** und **votre** ohne **accent circonflexe**:

*C'est **notre** voiture, c'est **votre** trottinette.*

Bei **le nôtre, la vôtre** usw. setzt man einen **accent circonflexe**:

*Cette maison, c'est **la nôtre** et pas **la vôtre**.*

3 Ich kann Aussagen machen

3A Der Aussagesatz — La phrase affirmative

Ein Aussagesatz besteht im Minimum aus einem **Subjekt** und einem **Verb**. Viele Verben verlangen zusätzlich eine **Ergänzung,** ein **Objekt**. Im Französischen unterscheiden wir zwei verschiedene Objekte: Das **direkte Objekt** schliesst direkt an das Verb an, das **indirekte Objekt** wird mithilfe von **à** oder **de** mit dem Verb verbunden.
Manchmal treten im selben Satz zwei Objekte auf.

Subjekt	Verb	Objekt	
		direktes Objekt	indirektes Objekt
Sylvain	**dort.**		
Il	**entend**	les oiseaux.	
Il	**téléphone**		**à** son copain.
Il	**rêve**		**de** sa copine.
Il	**écrit**	un e-mail	**à** son cousin.

Grammatik | **La grammaire**   53

3B	**Die Struktur des Aussagesatzes**
	La structure de la phrase affirmative

Présent
Die Struktur des Aussagesatzes ist im Deutschen, Französischen und Englischen gleich. Das Verb (Personalform) steht gewöhnlich an zweiter Stelle.

Subjekt	Verb	Objekt
Du	*spielst*	*Fussball.*
Tu	*joues*	*au foot.*
You	*play*	*football.*

Die Reihenfolge **S**ujet – **V**erbe – **O**bjet bleibt im Französischen und Englischen auch dann unverändert, wenn der Aussagesatz mit einer Zeit- oder Ortsangabe beginnt. Dies ist im Deutschen nicht der Fall.

Zeitangabe	Subjekt	Verb	Objekt
Le samedi,	**nous**	*jouons*	*au foot.*
On Saturday,	**we**	*play*	*football.*
Samstags	*spielen*	**wir**	*Fussball.*
Zeitangabe	Verb	Subjekt	Objekt

Tipp
Merke dir: **S V O**

Tipp
*Setze im Französischen nach **Zeitangaben** und **Ortsangaben** ein **Komma** und fahre mit dem **Subjekt** fort.*

Passé composé
Im **passé composé** folgt das Verb (konjugiertes Hilfsverb **und** Partizip II) unmittelbar hinter dem Subjekt. Im Deutschen hingegen steht das Partizip II am Ende des Satzes.

	Verb	Partizip II		
Nous	avons	fait	nos devoirs tout de suite après l'école.	
Wir	haben		die Aufgaben gleich nach der Schule	gemacht.
	Verb			Partizip II

Tipp
Hilfsverb und Partizip II werden nicht getrennt.

3C	**Die direkten Objekte**
	Les objets directs

Viele Verben verlangen eine Ergänzung. Es gibt Verben, die ein **direktes Objekt** (objet direct) verlangen, und solche, die ein **indirektes Objekt** (objet indirect) nach sich ziehen.

Das **direkte Objekt** entspricht meist dem deutschen **Akkusativobjekt** und antwortet auf die Frage **wen/was.**

*Sylvie aime **ses parents**.* → **Wen** liebt Sylvie? (jemanden lieben)
*Sylvie écrit **une carte postale**.* → **Was** schreibt Sylvie? (etwas schreiben)

Beachte
Einzelne häufig verwendete Verben, die im Deutschen ein Akkusativobjekt nach sich ziehen, verlangen im Französischen ein **indirektes Objekt.**

*Sie fragt **ihre Mutter**.* → *Elle demande **à sa mère**.*

Tipp
Lerne Verben in Verbindung mit einem Objekt.
*apprendre **qc** →*
*apprendre **les mots***

Das **direkte Objekt** kannst du durch ein **Pronomen** (Stellvertreter) ersetzen. Dadurch vermeidest du Wiederholungen.

*Paul regarde **le film**. Il **le** regarde au cinéma Paradiso.*
*Hans lit **la BD**. Il **la** lit avec beaucoup de plaisir.*
*Christelle prend **les cahiers**. Elle **les** met dans son sac à dos.*

Die **Objektpronomen** für **direkte Objekte** lauten:

Verb beginnt mit Konsonant		
Paul	me te le/la nous vous les	regarde.

Verb beginnt mit Vokal		
Cécilia	m' t' l' nous_ vous_ les_	aime.

Beachte
Die direkten Objektpronomen stehen in der Regel **vor dem konjugierten Verb.**

*Ivana prend les livres. Elle **les met** sur la table. Elle ne **les range** pas dans l'armoire.*

Es gibt aber auch **Ausnahmen:**
In der **Befehlsform** stehen die Pronomen **nach dem Verb.** Sie werden mit einem Bindestrich angehängt. Dies gilt nicht für die verneinte Befehlsform.

*Ivana, prends les livres. **Range-les** dans l'armoire. Ne **les mets** pas sur la table.*

Bei **Modalverben** stehen die Pronomen **vor dem Infinitiv.**

*Les livres, tu **dois les ranger** dans l'armoire. Il ne **faut** pas **les mettre** sur la table.*

3D Die indirekten Objekte / Les objets indirects

Das **indirekte Objekt** entspricht meistens dem deutschen **Dativobjekt** und antwortet auf die Frage **wem.**

*Sylvie écrit **à sa grand-mère.*** → **Wem** schreibt Sylvie? (jemandem schreiben)

Beachte
Einzelne häufig verwendete Verben, die im Deutschen ein Dativobjekt nach sich ziehen, verlangen im Französischen ein **direktes Objekt.**

Sie hilft **ihrer Schwester.** → *Elle aide **sa sœur.***

Das **indirekte Objekt** kannst du durch ein **Pronomen** (Stellvertreter) ersetzen. Dadurch vermeidest du Wiederholungen.

*Basile téléphone **à son copain.** Il **lui** téléphone parce qu'il a oublié les devoirs.*
*Jelena donne un cadeau **à sa mère.** Elle **lui** donne un bouquet de fleurs pour son anniversaire.*
*Sandrine écrit **à ses grands-parents.** Elle **leur** écrit une carte des vacances.*

Die **Objektpronomen** für **indirekte Objekte** lauten:

Verb beginnt mit Konsonant		
Paul	me te lui nous vous leur	donne un livre.

Verb beginnt mit Vokal		
Cécilia	m' t' lui nous_ vous_ leur	offre un cadeau.

Beachte
Die indirekten Objektpronomen stehen in der Regel **vor dem konjugierten Verb.**

*Sandrine donne le cahier à sa copine. Elle **lui donne** le cahier avant la leçon.*

Eine **Ausnahme** bilden die **Befehlsform** und die **Modalverben.**

*Yan, rends les livres à tes camarades! **Rends-leur** les livres! Tu **dois leur rendre** les livres avant les vacances.*

Grammatik
10B Die Befehlsform, Seite 79
10D Die verneinte Befehlsform, Seite 80

Grammatik
11B Vorschläge und Ratschläge mit Modalverben, Seite 82

Tipp
Lerne Verben in Verbindung mit einem Objekt.
*téléphoner **à qn** →*
*téléphoner **aux parents***

3E Die indirekten Objektpronomen y und en / Les pronoms objets indirects y et en

Anstelle des **indirekten Objekts** stehen die **Pronomen y** und **en,** wenn diese eine **Sache** und nicht eine Person bezeichnen.

y ersetzt à + Nomen
*Tu as répondu **à sa lettre**? → Oui, j'**y** ai répondu.*
*Tu penses **à tes devoirs**? → Oui, j'**y** pense.*

en ersetzt de + Nomen
*Tu te souviens **de cette histoire**? → Oui, je m'**en** souviens.*
*Vous avez parlé **du livre** en classe? → Oui, nous **en** avons parlé hier.*

3F Zwei Pronomen / Deux pronoms

Quand il faut placer **deux pronoms devant le verbe,** l'ordre des pronoms est fixe.

*Tes livres sont chez moi. Je sais que tu **me les** as prêtés hier. Je vais **te les** rendre demain.*
*Nous donnons nos clés à Paul. Nous **les lui** donnons tout de suite, mais il doit **nous les** rendre ce soir.*
*Avez-vous parlé de votre accident à vos parents ? – Non, nous ne **leur en** avons pas encore parlé.*

Voici un tableau qui t'explique **l'ordre des pronoms.**

Les cercles te montrent comment combiner un pronom objet direct et un pronom objet indirect dans la même phrase.

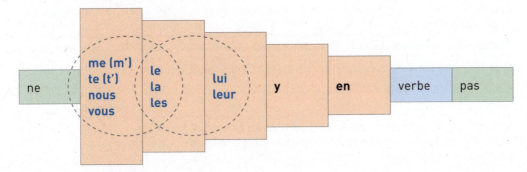

Tipp
Répète l'ordre des pronoms en les récitant ou en les chantant.
Z. B. me le, te le, le lui, nous le, vous le, le leur

Dans la phrase **impérative négative,** l'ordre des mots ne change pas. Par contre, dans la phrase **impérative affirmative,** les pronoms se placent après le verbe et sont reliés par un trait d'union.

*Rends-moi mon livre. Apporte-**le-moi** après l'école. Mais **ne me l'**apporte **pas** trop tard, il me le faut ce soir.*
*Rends les clés à Louise et Isabelle. Rends-**les-leur** tout de suite. Elles en ont besoin.*

Voici l'ordre des pronoms dans **la phrase impérative affirmative.**

4 Ich kann Ideen miteinander verknüpfen

4A Erste kurze Texte schreiben / Mes premiers petits textes

Mithilfe von einfachen Wörtern wie **et, mais, ou** und **parce que** kannst du Gedanken miteinander verknüpfen.

*Spiderman est un super-héros américain. C'est un héros de BD (bande dessinée), **mais** on a aussi fait des films avec ce personnage. En France, on l'appelle l'homme-araignée, **parce qu**'il se déplace partout: il marche et grimpe comme une vraie araignée **ou** il fait des sauts énormes. Il est très agile **et** il a des réflexes rapides.*

4B Sätze mit Konjunktionen verknüpfen / Relier des phrases avec des conjonctions

Mit **Verknüpfungswörtern** (Konjunktionen) kannst du **Sätze** oder **Teilsätze** miteinander **verbinden.** Durch die Wahl des Verknüpfungswortes entscheidest du, wie sich die Sätze zueinander verhalten: Konjunktionen können z. B. einen Gegensatz **(mais)**, eine zeitliche Beziehung **(ensuite)**, eine Begründung **(parce que)**, eine Bedingung **(si)** oder eine Folge **(donc)** ausdrücken.

*Aujourd'hui, il fait beau **et** il fait chaud.*	und
***Mais** Marc est de mauvaise humeur **parce qu**'il doit aller à l'école.*	aber, weil (im Satz)
***Comme** il n'a pas faim, il dit à sa mère **qu**'il ne prend pas de petit déjeuner.*	weil (am Satzanfang), dass
***Quand** il arrive à l'école, il salue ses camarades.*	als
*Tout le monde entre dans la salle de classe, **car** c'est l'heure.*	denn
***D'abord,** c'est une leçon d'allemand, **puis** une leçon de maths et **enfin**, les élèves font du dessin.*	zuerst, dann, zuletzt (schliesslich)
*Peu avant midi, le prof leur dit: «**Si** vous êtes d'accord, on va à la piscine cet après-midi. **Donc,** n'oubliez pas d'apporter vos maillots de bain.»*	wenn also, demnach
***Lorsque** Marc et ses camarades rentrent à midi, tout le monde est content: pas d'école cet après-midi!*	als

Beachte
Aussagesätze in der **indirekten Rede** werden durch **que** (= dass) eingeleitet. Es wird kein Komma gesetzt:

Luc dit: «J'ai faim.» → *Il dit **qu**'il a faim.*

---

une araignée   eine Spinne

4C Sätze mit Relativpronomen verknüpfen
Relier des phrases avec des pronoms relatifs

Relativpronomen leiten einen Relativsatz ein. Relativsätze bestimmen eine Person oder Sache näher. Das Relativpronomen steht unmittelbar nach dem **Bezugswort**.

*C'est **un livre** **qui** me plaît beaucoup.*

Relativpronomen **verbinden** zwei oder mehrere **Sätze** miteinander. Die gebräuchlichsten Relativpronomen sind **qui**, **que**, **dont** und **où**. **Qui**, **que** und **dont** stehen für Personen und Dinge, **où** steht für Ortsangaben.

Le garçon s'est fait mal. Il est à l'hôpital.	*Le garçon **qui** s'est fait mal est à l'hôpital.*
Nous avons vu le dernier James Bond. Il est cool.	*Le film **que** nous avons vu est cool.*
Elle parle de son ami. Son ami est Canadien.	*L'ami **dont** elle parle est Canadien.*
Elle habite dans cette maison. Cette maison est petite.	*La maison **où** elle habite est petite.*

qui ist das Subjekt des Relativsatzes: **Wer** ist im Spital?
que ist das direkte Objekt (Akkusativ) des Relativsatzes: **Was** (wen) haben wir gesehen?
dont steht für die Wortgruppe **de + Nomen**: **Wovon** (über wen) spricht sie?
où steht für eine Ortsangabe: **Wo** wohnt sie?

Tipp
*Auf **qui** folgt das **Verb**.*
*Auf **que** folgt das **Subjekt**.*
*Auf **dont/où** folgt das **Subjekt**.*

4D Handlungen mit dem gérondif verknüpfen
Relier des actions avec le gérondif   *plus*

Avec **le gérondif,** tu montres que deux actions se passent en même temps.

Il prend une douche en téléphonant.

Il descend l'escalier en courant.

L'appétit vient en mangeant.

Tipp
*nous **cour**ons*
*→ en **cour**ant*
*nous **finiss**ons*
*→ en **finiss**ant*

4E Argumente miteinander verknüpfen / Relier des arguments — plus

Pour relier des arguments, tu utilises des **expressions spécifiques** comme dans le texte suivant.

Lire, ça sert à quoi?

C'est vrai que ça permet de <u>se détendre</u>: **en effet,** on pense à l'histoire et on oublie ses soucis. Lire <u>console</u> **aussi** de beaucoup de choses, **par exemple** de l'ennui ou des <u>événements</u> désagréables. **Si** tu plonges dans un livre, tu pars dans un autre univers, loin de la vie quotidienne. **De plus,** tu te mets dans la peau du héros pour <u>souffrir</u> ou être heureux/euse avec lui. **En fait,** la lecture, c'est la liberté de se fabriquer ses propres images. **De même,** un roman te permet de découvrir que d'autres jeunes vivent les mêmes émotions que toi. **Bref,** la lecture répond souvent à des questions intimes.	in der Tat, tatsächlich auch zum Beispiel wenn ausserdem eigentlich ebenso kurz gesagt

5 Ich kann Personen, Dinge und Tätigkeiten beschreiben

5A Ich kann mit Adjektiven Tiere beschreiben / Je décris des animaux

Regarde, une famille de chats: la mère, le père et le petit.
– Tu as vu, la **grande** chatte au milieu est **rouge.**
Tu as raison. Et le chat derrière, c'est le père?
– Oui, il est **jaune** et **noir** comme un tigre. Il regarde son petit.
Comme il s'amuse, le chaton **noir** et **blanc.** Je le trouve **drôle** et **élégant.**
– Quelle **belle** famille!

<u>se détendre</u>	sich entspannen
<u>consoler</u> qn	jemanden trösten
<u>un événement</u>	ein Ereignis
<u>souffrir</u>	leiden

5B Geschlecht und Zahl: Nomen, Begleiter und Adjektive
Genre et nombre: les noms, les articles et les adjectifs

Nomen, Begleiter und Adjektive werden einander in **Geschlecht** (männlich/weiblich) und **Zahl** (Singular/Plural) angeglichen.

Les noms

Ein **Nomen** ist **männlich** (masculin) oder **weiblich** (féminin). Du erkennst das Geschlecht eines Nomens am Begleiter.

un mouton, *le* tigre → m
une chèvre, *la* girafe → f

Nomen stehen entweder im **Singular** (singulier) oder im **Plural** (pluriel). Im Plural enden die Nomen auf **-s**.

*des mouton**s**, des chèvre**s***
*les tigre**s**, les girafe**s***

Bei der Pluralbildung gibt es auch **Ausnahmen:**

Nomen, die in der Einzahl auf **-s** und **-z** enden, bleiben unveränderlich.	le bra*s* le ne*z*	les bra*s* les ne*z*
Die meisten Nomen, die auf **-al** enden, haben im Plural die Endung **-aux**.	le journ*al* l'anim*al*	les journ*aux* les anim*aux*
Nomen, die auf **-eau** und **-eu** enden, haben im Plural die Endung **-x**.	l'ois*eau* le j*eu*	les ois*eaux* les j*eux*
Es gibt auch unregelmässige Formen.	l'œil le travail	les yeux les trav*aux*

Les articles

Du verwendest Nomen meistens mit einem **Begleiter**. Die häufigsten Begleiter sind die **bestimmten** oder **unbestimmten Artikel** (l'article défini, l'article indéfini).

bestimmter Artikel

männlich Singular	weiblich Singular	Plural
le tigre		*les* tigres
	la chèvre	*les* chèvres
l' éléphant		*les* éléphants
	l' abeille	*les* abeilles

unbestimmter Artikel

männlich Singular	weiblich Singular	Plural
un lapin		*des* lapins
	une girafe	*des* girafes
un oiseau		*des* oiseaux
	une abeille	*des* abeilles

Tipp
Lerne Nomen mit Vokal immer mit dem **unbestimmten Artikel**.
l'ours → **un** ours
l'heure → **une** heure
l'oie → **une** oie

Beachte
Vor Nomen, die mit einem **Vokal** beginnen (a, e, i, o, u), werden **le/la** zu **l'**.

le + éléphant → **l'**éléphant
la + abeille → **l'**abeille

Wenn du auf ein Nomen besonders hinweisen möchtest, verwendest du die **hinweisenden Begleiter** (adjectif démonstratif).

*Regarde **ce** petit chat. Il joue avec une balle.*
***Cette** souris mange notre fromage.*
***Cet** oiseau a des petits.*
*Regarde **ces** chiens. Ils sont drôles.*

Beachte
Vor **männlichen** Nomen, die mit einem **Vokal** beginnen, verwendest du **cet.** Dadurch wird die Aussprache erleichtert.

***Cet**_éléphant est rose.*

Les adjectifs

Nomen werden oft mit einem **Adjektiv** näher beschrieben. Das Adjektiv passt seine Endung in **Geschlecht** (männlich/weiblich) und **Zahl** (Singular/Plural) dem Nomen an.

	männlich	weiblich
Singular	le chat **gris** un cochon **noir**	la chèvre **grise** une vache **noire**
Plural	les chat**s** **brun**s des cochon**s** **noir**s	les chèvre**s** **brun**es des vache**s** **noir**es

Tipp
La croix de l'adjectif.

	m	f
Sg.	–	-e
Pl.	-s	-es

Beachte
Endet die **männliche Form** des Adjektivs auf **-e,** bleibt die weibliche Form im Singular unverändert.

*un chat roug**e** → une chatte roug**e.***

Wenn der weiblichen Form des Adjektivs ein **-e** angefügt wird, wird der Schlusskonsonant jeweils ausgesprochen.

*un crocodile ver**t** → une grenouille ver**te.***

5C Nomen / Les noms

Sicher stellst du dir manchmal die Frage, ob ein Nomen männlich oder weiblich ist. Allgemeingültige Regeln gibt es nicht. Hingegen hilft es dir, wenn du zwischen dem **natürlichen** und dem **grammatischen Geschlecht** unterscheidest und wenn du einige typisch männliche oder typisch weibliche **Endungen** kennst.

Das natürliche Geschlecht

Wir sprechen vom natürlichen Geschlecht, wenn ein Nomen ein männliches oder ein weibliches Lebewesen (Mensch, Tier) bezeichnet.

	männlich	weiblich
Gleiches Wort, das Geschlecht erkennt man am Begleiter.	un élève un camarade un journaliste	une élève une camarade une journaliste
Zusätzliches -e für weibliches Geschlecht.	un ami un Français un employé	une amie une Française une employée
Unterschiedliche Wörter je nach Geschlecht.	un monsieur un homme un coq	une dame une femme une poule

Typische Endungen
Bei Nomen, die keine Lebewesen bezeichnen, kannst du in der Regel nicht erkennen, ob sie männlich oder weiblich sind. Aber es gibt einige typisch weibliche und einige typisch männliche Endungen.

Weibliche Endungen

-ion	la portion la région la profession
-aison	la maison la saison la terminaison
-esse	la jeunesse la vitesse une adresse

Männliche Endungen

-eau	le bateau le couteau le cadeau	aber: la peau une eau
-ment	le monument le vêtement un appartement	
-age	le fromage le garage un étage	aber: la page une image

Wortbildung
2 Vorsilben und Nachsilben, Les métiers, Seiten 34–36

Das grammatische Geschlecht

Zahlreiche Sprachen, darunter Deutsch, unterscheiden zwischen männlich, weiblich und sächlich, kennen also drei grammatische Geschlechter. Dies ist zum Beispiel auch in den slawischen Sprachen der Fall.

Die **romanischen Sprachen,** zu denen Französisch zählt, unterscheiden **zwei Geschlechter: weiblich** und **männlich.**

Es gibt auch Sprachen, in denen gar nicht nach Geschlecht unterschieden wird, so beispielsweise Finnisch oder Chinesisch.

Die Einteilung in weiblich und männlich ist nicht immer nachvollziehbar. So kann der gleiche Ausdruck in verschiedenen Sprachen ein anderes Geschlecht haben.

	männlich	weiblich	sächlich
Deutsch	der Apfel		
Slowenisch			jabolko
Französisch		la pomme	
Spanisch		la manzana	

Besonders knifflig sind **Parallelwörter,** die je nach Sprache ein **unterschiedliches Geschlecht** haben. Beachte den Unterschied zwischen Deutsch und Französisch in den folgenden Beispielen.

5D Adjektive / Les adjectifs

Die meisten Adjektive sind **veränderlich:** Sie passen sich dem Nomen an, das sie näher beschreiben. Veränderliche Adjektive haben meist zwei, manchmal drei Formen.

Adjektive mit zwei Formen

Aus einem männlichen Adjektiv wird durch das **Anhängen eines -e** an die Endung ein **weibliches Adjektiv.**

le chat gris → *la chèvre grise.*

Es gibt aber auch **Ausnahmen.**

-eux → -euse	dangereux – dangereuse heureux – heureuse
-er → -ère	cher – chère étranger – étrangère
	premier – première dernier – dernière
-f → -ve	sportif – sportive actif – active
Schlusskonsonant wird verdoppelt	violet – violette gros – grosse bon – bonne réel – réelle
unregelmässige Formen	blanc – blanche frais – fraîche sec – sèche long – longue faux – fausse

Adjektive mit drei Formen

Die unregelmässigen Adjektive **beau-belle, vieux-vieille** und **nouveau-nouvelle** haben wie der hinweisende Begleiter **ce-cet-cette** eine zweite männliche Form: **bel, vieil, nouvel.**

Du verwendest diese Form vor einem **männlichen Nomen** im **Singular**, das mit einem **Vokal** (a, e, i, o, u) oder einem **stummen h** (z. B. *l'hôtel*) beginnt. Dadurch wird die Aussprache erleichtert.

Aussprache, Betonung und Satzmelodie
5 Bindungen, Seite 45
7 Sonderfall «h», Seite 46

Pour bricoler, Yves met... Pour aller au cinéma, Alice met...	le **vieux** pantalon le **nouveau** jean le **beau** pull	le **vieil**‿anorak le **nouvel**‿anorak le **bel**‿imperméable	la **vieille** chemise la **nouvelle** blouse la **belle** jupe
Pour peindre, Yves et Luc mettent... Pour aller au théâtre, Alice et Mirka mettent...	les **vieux** pantalons les **nouveaux** jeans les **beaux** pulls	les **vieux**‿anoraks les **nouveaux**‿anoraks les **beaux**‿imperméables	les **vieilles** chemises les **nouvelles** blouses les **belles** jupes

Beachte
Im **Plural** entfällt die dritte Form. Das Mehrzahl-x führt bereits zu einer Bindung.

*le **vieil**‿imperméable* → *les **vieux**‿imperméables*

5E Stellung des Adjektivs / La place de l'adjectif

Die meisten Adjektive stehen im Französischen **hinter dem Nomen.**

*Je cherche une copine **amusante.***
*Je veux un ami **compréhensif.***
*Elle me présente son ami **sympa.***

Die folgenden Adjektive werden immer **nachgestellt: Farben, Formen, Nationalitäten** und **Temperaturen.** Im Gegensatz dazu werden sie im Deutschen und Englischen **vorgestellt.**

en français	auf Deutsch	in English
une voiture **bleue**	ein **blaues** Auto	a **blue** car
une table **ronde**	ein **runder** Tisch	a **round** table
la cuisine **française**	**Schweizer** Schokolade	**English** breakfast
l'eau **froide**	**kaltes** Wasser	**cold** water

Im Französischen wird nur eine kleine Anzahl **sehr häufiger Adjektive vorgestellt.**

Tipp
Merke dir die vorgestellten Adjektive paarweise.
petit – grand
nouveau – vieux
bon – mauvais
jeune – vieux
beau – joli

Je suis amoureux...
*Ma **petite** amie s'appelle Sandrine.*
*Elle a de **beaux** yeux et un **joli** sourire.*
*Elle a beaucoup d'humour: elle aime les **bonnes** blagues.*
*Pendant ses loisirs, elle porte de **vieilles** fringues.*
*Mais quand elle sort avec moi, elle met ses plus **beaux** habits.*
*On passe de **bons** moments ensemble.*

Beachte
Einige Adjektive können **vor oder nach** dem Nomen stehen. Sie wechseln mit ihrer Stellung auch ihre **Bedeutung.**

une femme **pauvre**	eine arme, mittellose Frau
une **pauvre** femme	eine arme, bedauernswerte Frau
un homme **seul**	ein einsamer Mann
un **seul** homme	ein einziger Mann
une voiture **chère**	ein teures Auto
mes **chers** amis	meine lieben Freunde

compréhensif/ve   verständnisvoll

5F Adverbien / Les adverbes

Wie im Englischen bezieht sich im Französischen ein **Adjektiv** auf ein Nomen und beschreibt, **wie etwas ist**. Ein **Adverb** hingegen bezieht sich meist auf ein Verb und beschreibt, **wie man etwas tut**. Das Adverb wird in der Regel vom Adjektiv abgeleitet. Im Unterschied zum Adjektiv ist es aber immer **unveränderlich**.

*Pauline a des **idées** **claires**. Ses **idées** sont **claires**.* | *Pauline **parle** **clairement**.*

Wie sind ihre **Ideen**? → **Adjektiv** | Wie **spricht** sie? → **Adverb**

Adverbien können auch ein **Adjektiv verstärken** oder sich auf einen **ganzen Satz** beziehen.

*Ce chemin est **extrêmement** dangereux.* | ***Heureusement**, tu as pris un autre chemin.*

Im Deutschen haben Adjektiv und Adverb oft dieselbe Form, nicht aber im Französischen und Englischen.

auf Deutsch	en français	in English
Sein Englisch ist **perfekt**.	Son allemand est **parfait**.	His French is **perfect**.
Er spricht **perfekt** Englisch.	Il parle **parfaitement** l'allemand.	He speaks French **perfectly**.

Bildung des Adverbs
Um ein Adverb zu bilden, verwendest du in der Regel die **weibliche Form des Adjektivs** und fügst die Endung **-ment** an.

clair → claire → claire**ment**
heureux → heureuse → heureuse**ment**

Beachte

vrai → vraie → vra**i**ment
absolu → absolue → absol**u**ment
énorme → énorme → énorm**é**ment

Die Adverbien von **bon** und **mauvais** sind **bien** und **mal**.

*C'est un **bon** travail. Tu travailles **bien**.*
*C'est un **mauvais** conseil. On t'a **mal** conseillé.*

Das Adverb von **rapide** ist **rapidement** oder **vite**.

*Il est **rapide**. Il court **rapidement** et il nage **vite**.*

---

le conseil — *der Ratschlag*

5G — Weitere Möglichkeiten der Beschreibung / D'autres manières de décrire

Pour décrire des choses ou des activités, tu utilises des adjectifs et des adverbes. Voici d'autres possibilités.

Les couleurs et les motifs

Tu peux utiliser des **couleurs composées** (p.ex. vert foncé, bleu ciel), des **motifs** (p.ex. à carreaux, à pois) ou des **adjectifs formés à partir d'un nom** (p.ex. orange, rose). Ces expressions sont **invariables.**

*Paul porte une chemise **bleu clair à rayures**, une veste **marron** et des chaussures **orange**.*

*Lili porte une blouse **framboise à fleurs**, des chaussettes **vert pomme** et des lunettes **rouge cerise**.*

Les matières
*Il achète un porte-monnaie **en cuir**.*
*Elle porte une chemise bleue **en coton** et un pull **en laine**.*
*Elle a gagné une médaille **d'or**.*

Les moyens de transport
*Pour arriver rapidement à Paris, il voyage **en train** ou **en avion**.*
*Comment vas-tu à l'école: **à pied**, **à bicyclette** ou **en scooter**?*

6 Ich kann Vergleiche anstellen

6A — Die Vergleichsstufen / La comparaison

Wenn du Personen, Dinge und Tätigkeiten miteinander vergleichst, brauchst du Formen der **Steigerung**. Wir unterscheiden zwei Vergleichsstufen, den **Komparativ** und den **Superlativ**.

Mit dem **Komparativ** kannst du Vergleiche im Sinne von **mehr** (+) oder **weniger** (–) anstellen. Du kannst aber auch ausdrücken, dass Sachverhalte oder Dinge **gleich** (=) sind.

*À l'internat,   la vie est **plus** réglementée **qu'**à la maison. (+)*
*   les élèves sont **moins** libres **que** dans mon école. (–)*
*   les règles sont **aussi** strictes **que** chez moi. (=)*

Der **Superlativ** drückt ein Höchstmass aus: **am meisten** (++) oder **am wenigsten**. (– –)

*Le collège «Beau Soleil» est l'une des écoles **les plus** connues du monde. (++)*
*Quel est l'internat **le moins** cher de Suisse? (– –)*

6B Vergleiche mit regelmässigen Adjektiven
La comparaison régulière des adjectifs

Mit Adjektiven kannst du Personen und Dinge miteinander vergleichen. Adjektive lassen sich **steigern**.

Charles   Catherine   Jean   Eve   Yvette   Robert   Adélaïde

Tipp
La croix de l'adjectif.

	m	f
Sg.	–	-e
Pl.	-s	-es

*Adélaïde est **plus** grande **que** Jean et Eve.*
*Charles est **aussi** grand **qu'**Yvette.*
*Robert est **moins** grand **que** Catherine.*
*Jean et Eve sont **les moins** grands de tous.*
*Yvette et Charles sont **les plus** grands.*

Beachte
Wenn das Adjektiv nach dem Nomen steht, musst du im Superlativ den bestimmten **Artikel wiederholen**.

Adjektiv vorgestellt:
*Zurich est **la plus** grande ville de Suisse.*

Adjektiv nachgestellt:
*Lucerne est **la** ville **la plus** touristique de Suisse.*

Grammatik
5E Stellung des Adjektivs, Seite 64

Du hast im Englischunterricht gelernt, dass die Vergleichsstufen auf zwei unterschiedliche Arten gebildet werden. Entweder gleicht die englische Steigerung dem Französischen **(romanische Steigerung)** oder dem Deutschen **(germanische Steigerung)**.

romanische Steigerung	germanische Steigerung
en français	auf Deutsch
intéressant	lang
plus intéressant	läng**er**
le plus intéressant	der läng**ste**
↓	↓
in English	in English
interesting	long
more interesting	long**er**
the most interesting	the long**est**

6C Vergleiche mit Adverbien / La comparaison des adverbes

Mit **Adverbien** kannst du **Tätigkeiten** (Verben) miteinander vergleichen. Adverbien lassen sich steigern.

*Pierre travaille **rapidement**.*
*Charles travaille **plus** **rapidement** **que** Léo. (+)*
*Chantal travaille **moins** **rapidement** **que** Fabienne. (−)*
*François travaille **aussi** **rapidement** **que** Julia. (=)*
*Fanny travaille **le plus** **rapidement** de tous. (++)*
*Chantal travaille **le moins** **rapidement**. (−−)*

Grammatik
5F Adverbien, Seite 65

6D Unregelmässige Steigerung: bon und bien / La comparaison irrégulière: bon et bien

Für die **Steigerung** von **bon** (Adjektiv) und **bien** (Adverb) gibt es Sonderformen.

*Ivana est **bonne** en anglais, elle travaille **bien**.*
*Aussi en maths, elle est **meilleure que** les autres, elle travaille **mieux que** ses camarades.*
*Ivana est vraiment **la meilleure** élève de la classe, elle travaille **le mieux**.*

Beachte

Meilleur ist ein Adjektiv und damit **veränderlich**. Das Adverb **bien** dagegen bleibt auch im Komparativ und Superlativ **unveränderlich** (mieux, le mieux).

Die Vergleichsstufen des Adjektivs **bon/bonne** sind unregelmässig wie im Deutschen und im Englischen.

en français		auf Deutsch	in English
bon(s)	bonne(s)	gut	good
meilleur(s)	meilleure(s)	besser	better
le/les meilleur(s)	la/les meilleure(s)	der beste	the best

6E Demonstrativpronomen (Stellvertreter) / Les pronoms démonstratifs

Wenn du Vergleiche anstellst, brauchst du oft das **Demonstrativpronomen,** mit dem du auf etwas Bestimmtes hinweisen kannst. Demonstrativpronomen können sowohl Begleiter als auch Stellvertreter sein. Das Demonstrativpronomen **als Stellvertreter** hilft dir, Wiederholungen zu vermeiden.

Grammatik
5B Geschlecht und Zahl: Nomen, Begleiter und Adjektive, Les articles, Seite 59

*Regarde ces éléphants. **Celui-ci** est plus grand que **celui-là**.*
*As-tu vu ces girafes? **Celle-ci** a le cou plus long que **celle qui** est au fond du parc.*
*J'aime observer les singes. **Ceux-ci** sont plus drôles que **ceux que** nous avons vus hier.*
*Regarde ces antilopes. **Celles-ci** sont plus élégantes que **celles du** zoo de Zurich.*

Die Demonstrativpronomen **celui, celle, ceux, celles** können **nicht alleine** stehen. Du kannst die Pronomen auf drei Arten ergänzen.

Quel éléphant?	Celui-**ci** ou celui-**là**?	Zusatz **-ci/-là**
Quelle souris?	Celle **à** droite, celle **de** Monique.	**Präposition** z. B. à, de
Quels singes?	Ceux **qui** sont là.	**Relativsatz**
Quelles girafes?	Celles **que** tu vois.	

6F Die Vergleichsstufen von beaucoup et peu
La comparaison de beaucoup et peu

plus

La comparaison de **beaucoup** et **peu,** avec un verbe ou un nom, est irrégulière, comme en allemand (viel, mehr, am meisten, ebenso viel).

Verbe
Charles s'entraîne **beaucoup** au tennis. Il s'entraîne **plus que** ses camarades. C'est le joueur qui s'entraîne **le plus.** Il s'entraîne **autant que** son adversaire.
Charlotte joue **peu** au volley. Elle joue **moins que** les autres de son équipe. C'est celle du groupe qui joue **le moins.**

Nom
Paul a eu **beaucoup de** chance. Il a eu **plus de** chance que son adversaire.
Genève a **beaucoup d'**habitants. Bâle a **moins d'**habitants que Genève.
Lausanne a **autant d'**habitants que Berne. Zurich a **le plus d'**habitants.

Tipp
plus/autant/moins
+ **de** + nom

6G Vergleiche mit comme
La comparaison avec comme

plus

Pour comparer, on utilise souvent des expressions imagées avec **comme.**

Tom a beaucoup couru; il est rouge comme une tomate.

Ces jumeaux se ressemblent comme deux gouttes d'eau.

Ce garçon est malin comme un singe.

Le chien a peur de l'orage, il tremble comme une feuille.

7 Ich kann Mengenangaben machen

7A Ich kann über ein Rezept sprechen / Je parle d'une recette

125 grammes de farine
30 grammes de beurre fondu
un peu de sel
du sucre
3 œufs entiers
3 dl de lait
2 cuillères à soupe d'eau

7B Die Grundzahlen / Les nombres cardinaux

Für Mengenangaben verwendest du Zahlen.

0–19

0 zéro	5 cinq	10 dix	15 quinze
1 un	6 six	11 onze	16 seize
2 deux	7 sept	12 douze	17 dix-sept
3 trois	8 huit	13 treize	18 dix-huit
4 quatre	9 neuf	14 quatorze	19 dix-neuf

Zehner	Zehner + 1	Zehner + 2, 3, …	Hunderter
20 vingt	21 vingt **et** un	22 vingt-deux	100 cent
30 trente	31 trente **et** un	33 trente-trois	200 deux cent**s**
40 quarante	41 quarante **et** un	44 quarante-quatre	300 trois cent**s**
50 cinquante	51 cinquante **et** un	55 cinquante-cinq	101 cent un
60 soixante	61 soixante **et** un	66 soixante-six	202 deux cent deux
70 soixante-dix	71 soixante **et** onze	77 soixante-dix-sept	310 trois cent dix
80 quatre-vingt**s**	81 quatre-vingt-un	88 quatre-vingt-huit	1000 mille
90 quatre-vingt-dix	91 quatre-vingt-onze	99 quatre-vingt-dix-neuf	2000 deux mille

Tipp
En Suisse romande:
70 = septante
80 = huitante
90 = nonante

Beachte
Setze einen **Bindestrich** zwischen Zehnern und Einern.

*Devant l'école, il y a **dix-sept** voitures et **cent un** vélos.*

Du schreibst **quatre-vingts** und **cent** mit **-s**, wenn die Zahl auf **Null** endet.

*Dans notre école, il y a trois cent**s** élèves.*
*Ma grand-mère a **quatre-vingts** ans.*
*Mon grand-père a **quatre-vingt-deux** ans.*

7C Die Ordnungszahlen / Les nombres ordinaux

Du benötigst **Ordnungszahlen**, um eine **Reihenfolge** zu beschreiben.

*Yvonne termine **première**, Marc est **deuxième**. Sylvie finit à la **troisième** place et Pascal est **sixième** et **dernier**.*

Du bildest die Ordnungszahlen, indem du die Endung **-ième** an die Grundzahlen anhängst.

deux → *Il a gagné son deux**ième** match.*
douze → *Décembre est le douz**ième** mois de l'année.*
vingt et un → *Nous vivons au vingt et un**ième** siècle.*
cent → *Elle fête son cent**ième** anniversaire.*

Aber:
neuf → *C'est son neu**v**ième enfant.*
trente → *Elle occupe la tren**t**ième place.*

Beachte
Die Ordnungszahl von **un** ist **premier/première**. Diese ist veränderlich wie ein Adjektiv. Das Gleiche gilt für **dernier/dernière**.

*Il écrit sa **première** lettre en français.*
*Le bébé a dit ses **premiers** mots.*
*C'est la **dernière** épreuve de l'année.*

Grammatik
5D Adjektive, Seite 63

7D Der Teilungsartikel / L'article partitif

Du begegnest **Mengenangaben** häufig im Zusammenhang mit Lebensmitteln. Dabei unterscheidest du zwischen **Mengen, die du zählen kannst** (z. B. Eier), und **unzählbaren Mengen** (z. B. Salz).

un œuf	*des* œufs (*deux, trois* œufs)	*du* sel

Bei **unzählbaren Mengen** verwendest du die **Teilungsartikel du, de la, de l'** (de + bestimmter Artikel le, la). Wir sprechen von Teilungsartikeln, weil sie oft den Teil eines Ganzen bezeichnen: Du streust zum Beispiel nur einen Teil des Salzes aus dem Salzstreuer auf dein Spiegelei.

Im Deutschen kennen wir im Unterschied zum Französischen keinen Teilungsartikel.

*Je bois **du** café.*	*Je mange **de la** viande.*	*Je bois **de l'**eau.*
Ich trinke Kaffee.	Ich esse Fleisch.	Ich trinke Wasser.

Tipp
Vorlieben und **Abneigungen** immer mit le, la, les.
*J'aime **le** café.*
*Je préfère **le** thé.*
*J'adore **les** crêpes.*
*Je déteste **la** soupe.*

Beachte

Nach **avec** steht ein Teilungsartikel, nach **sans** steht kein Teilungsartikel.

*Je prends mon café **avec du** sucre. – Tu prends ton café **sans** sucre.*
*Je mange mes tartines **avec de la** confiture. – Tu manges tes tartines **sans** confiture.*

7E Teilungsartikel und unbestimmte Artikel im verneinten Satz / La négation de l'article partitif et de l'article indéfini

Im verneinten Satz werden die **Teilungsartikel** (du, de la, de l') und die **unbestimmten Artikel** (un, une, des) zu **de/d'**.

Vous prenez	*du* pain? *de la* limonade? *de l'*ovomaltine?	Non, je ne prends	*pas de* pain. *plus de* limonade. *jamais d'*ovomaltine.
Tu prends	*un* café? *une* limonade? *des* fruits?	Non, je ne prends	*pas de* café. *plus de* limonade. *jamais de* fruits.

Beachte
Der **bestimmte Artikel** verändert sich im verneinten Satz nicht.

*Pourquoi est-ce que tu n'aimes **pas le** thé?*
*Depuis trois semaines, je ne regarde **plus la** télé.*
*Il ne fait **jamais les** devoirs.*

7F Mengenangaben / Les expressions de quantité

Bei Mengenangaben wird der Teilungsartikel zu **de/d'** verkürzt, dem sogenannten **de partitif**.

Combien de…?

250 grammes **de** farine une livre **de** pain un kilo **de** pommes	un décilitre **de** crème un litre **de** lait	un verre **d'**eau une bouteille **de** vin une tasse **de** thé une assiette **de** soupe
un sac **de** pommes de terre une boîte **de** sardines un paquet **de** chips un tube **de** moutarde	un morceau **de** viande une tranche **de** rôti	(un) peu **de** sel (pas) assez **de** poivre beaucoup **de** sucre trop (peu) **de** mayonnaise

Tipp
*Auch **Null** gilt als **bestimmte Menge**.*
*Je ne bois **pas de** thé.*

Bestimmte Mengen werden in den romanischen Sprachen gleich behandelt.

en français	300 g 350 g	**de** pommes de terre fermes à la cuisson **de** macaronis
in italiano	100 g 100 g	**di** formaggio di montagna **di** tilsiter dolce
in rumantsch	1.5 dl	**da** groma

Im Zusammenhang mit unbestimmten und bestimmten Mengen verwendest du das Pronomen **en**, um Wiederholungen zu vermeiden.

*Tu as acheté de l'eau minérale? – Oui, j'**en** ai acheté.*
*Tu as pris combien de bouteilles? – J'**en** ai pris **six**.*

7G Unbestimmte Pronomen (Begleiter) / Les articles indéfinis

Zu den unbestimmten Pronomen gehören **Begleiter** des Nomens, die eine unbestimmte **Anzahl** bezeichnen.

*Le mois passé, j'ai lu **plusieurs** livres.* → plusieurs = **mehrere**
*J'ai pris **quelques** livres à la bibliothèque.* → quelques = **einige**

Beachte
Plusieurs und **quelques** sind unveränderlich.

Zu den unbestimmten Pronomen zählt auch **tout**, das andere Begleiter verstärkt. **Tout** wird angeglichen wie ein Adjektiv.

Beachte
Im **Singular** bedeuten **tout le…/toute la…** der/die/das **ganze** …
Im **Plural** bedeuten **tous les…/toutes les…** alle …

	Singular	Plural
männlich	Giulio a lu **tout** le journal.	Marie a lu **tous** les magazines.
weiblich	Giulio a lu **toute** la revue.	Marie a lu **toutes** les BD.

Wenn das deutsche **alle** die Bedeutung von jeder/jede/jedes Einzelne hat, verwendest du das unveränderliche **chaque**.

*Le livre a 21 chapitres. **Chaque** élève prépare un chapitre.*

8 Ich kann etwas verneinen

8A Ich kann «nein» sagen / Je dis «non»

Non, je ne range pas ma chambre.
Je ne joue pas du piano.
Je ne fais pas les devoirs.
Non, je ne vais plus à l'école.
Non, je ne vais pas au judo ce soir.
Mais oui, j'adore le chocolat!

8B Der verneinte Satz / La phrase négative

Grammatik
7E Teilungsartikel und unbestimmte Artikel im verneinten Satz, Seite 72

Bei der Verneinung «umarmen» **ne** und **pas** das konjugierte Verb:

Le garçon		adore		le chocolat.
Il	**ne**	range	**pas**	sa chambre.
Il	**n'**	aime	**pas**	le piano.

Es gibt weitere Verneinungen, die das Verb «umarmen»:

Il a 17 ans, il **ne** va **plus** à l'école (nicht mehr).
Elle **ne** fait **jamais** ses devoirs (nie).
La nouvelle élève **ne** connaît **personne** (niemanden).
Sa mère l'appelle, mais il **n'**entend **rien** (nichts).

Beachte
In der gesprochenen Sprache lässt man **ne** oft weg.

J'ai pas le temps, j'ai trop de devoirs.

8C Die Verneinung am Satzanfang / La négation au début de la phrase

Ein Satz kann auch direkt mit der Verneinung beginnen:
«*Rien ne va plus, les jeux sont faits.*» (Anweisung beim Roulette)

Beachte
Stehen **personne** oder **rien** am Satzanfang, so sind sie **Subjekt**.

Personne ne l'invite. → **Wer** lädt ihn ein? → **Niemand**.
Rien ne l'intéresse. → **Was** interessiert ihn? → **Nichts**.

Stehen **personne** oder **rien** hinter dem Verb, so sind sie **direkte Objekte (Akkusativobjekte)**.

Il n'invite personne. → **Wen** lädt er ein? → **Niemanden**.
Il ne voit rien. → **Was** sieht er? → **Nichts**.

8D Die Verneinung ohne Verb / La négation sans verbe

Pour dire **non,** tu peux utiliser certaines expressions **sans verbe** et **sans ne.**

Tu viens?	**Pas maintenant.**	Nicht jetzt./Jetzt nicht.
	Pas encore.	Noch nicht.
Tu es content?	**Pas du tout.**	Überhaupt nicht.
	Pas tellement.	Nicht besonders.
	Vraiment pas.	Wirklich nicht.
	Pas vraiment.	Nicht wirklich.
Qui a vu Suzanne?	**Pas moi.**	Ich nicht.
Et toi?	**Moi non plus.**	Ich auch nicht.
Tu peux m'aider?	**Plus ce soir.**	Heute Abend nicht mehr.
Voudrais-tu être une star?	**Jamais (de la vie).**	Nie (im Leben)!
Tu as des amis à Lausanne?	**Non, aucun.**	Nein, keinen einzigen.
Tu sais où elle habite?	**Aucune idée.**	Keine Ahnung.
Quoi de neuf?	**Rien (du tout).**	(Gar) nichts.
Qui a faim?	**Personne.**	Niemand.
Tu retournes là-bas?	**Plus jamais.**	Nie wieder.
Tu as encore soif?	**Plus du tout.**	Überhaupt nicht mehr.

9 Ich kann Fragen stellen und beantworten

9A Ich kann ein Interview führen / Je fais une interview

Comment ça va?

Tu parles quelles langues?
Qui sont tes amis?
Qu'est-ce que tu fais après l'école?
Tu joues d'un instrument?
Pourquoi aimes-tu la musique?

Est-ce que vous faites du sport?
Quand est-ce que vous faites du sport?
Vous vous entraînez où?

9B Der Fragesatz / La phrase interrogative

Du hast drei Möglichkeiten, um Fragen zu stellen:

- Bei der **Betonungsfrage** hebst du die Stimme am Satzende an:
  Tu prends le train?
- Du nimmst **est-ce que** zu Hilfe:
  Est-ce que tu prends le train?
- Du bildest eine **Umkehrfrage** wie im Deutschen:
  Prends-tu le train?

Wir unterscheiden zwischen **Entscheidungsfragen,** die du mit ja oder nein beantworten kannst, und **Ergänzungsfragen,** auf die du mit einer vollständigen Antwort reagierst:

Est-ce que tu as faim? – Oui./Non.
Où est-ce que tu vas? – Je vais au cinéma.

Ergänzungsfragen enthalten immer ein **Fragewort.**
Vergleiche die W-Fragen im Deutschen:

Tipp
Les questions **COQQQ**

C omment?
O ù?
Q ui?
Q uoi?
Q uand?

Wer?	*Qui est ton prof?*	Was?	*Qu'est-ce que tu vois?*
Wo?	*Où est ton frère?*	Wann?	*Quand est-ce que tu rentres?*
Wie?	*Comment s'appelle ta copine?*	Wovon?	*Il parle de quoi?*
Wem?	*À qui est ce livre?*	Wie viel?	*Combien coûte ce chocolat?*
Warum?	*Pourquoi est-ce que tu ne dis rien?*	Welche?	*Tu écoutes quelle musique?*

Beachte
Das Fragewort **quel** wird in Geschlecht und Zahl angeglichen wie ein Adjektiv.

Tu lis quel livre? (m sg)
Tu écoutes quelle chanson? (f sg)
Tu regardes quels films? (m pl)
Tu parles quelles langues? (f pl)

9C Die Betonungsfrage und die Frage mit est-ce que / La question avec l'intonation ou avec est-ce que

Die **Betonungsfrage** (la question avec l'intonation) hat dieselbe Struktur wie der Aussagesatz. Das Fragewort steht **am Satzanfang** oder **am Satzende.**

Fragewort	Aussagesatz (Subjekt + Verb)	Fragewort
	Il s'appelle Jean-Luc?	
Comment	*il s'appelle?*	
	Il s'appelle	*comment?*

Auch die **Frage mit est-ce que** hat dieselbe Struktur wie der Aussagesatz. Das Fragewort steht **am Satzanfang.**

Fragewort	est-ce que	Aussagesatz (Subjekt + Verb)
	Est-ce que	*tu as faim?*
Comment	*est-ce que*	*vous vous appelez?*
Où	*est-ce qu'*	*elle habite?*

9D Die Umkehrfrage / La question avec l'inversion

Neben der **Betonungsfrage** und der Frage mit **est-ce que** kannst du auch die **Umkehrfrage** benützen. Du begegnest der Umkehrfrage vor allem in häufig gebrauchten Wendungen und formellen Situationen (z. B. am Telefon mit Behörden oder in amtlichen Briefen). Dabei werden wie im Deutschen Subjekt und Verb in ihrer Reihenfolge vertauscht. Zwischen Verb und Subjekt steht ein Bindestrich.

Fragewort	Fragesatz (Verb + Subjekt)
	Avez-vous encore faim?
Quelle heure	*est-il?*
	Voulez-vous me rappeler demain?
Quand	*pouvez-vous m'envoyer les prospectus?*

Beachte
Endet die Verbform auf **-a** oder **-e**, wird ein **Bindungs-t** eingeschoben:

A-t-elle pris le bus? Quand arrive-t-il?

9E Fragepronomen (Begleiter oder Stellvertreter) / Les pronoms interrogatifs

Bei den Fragepronomen unterscheiden wir zwischen **einfachen** und **zusammengesetzten Fragepronomen**.

Einfache Fragepronomen

Die einfachen Fragepronomen sind entweder **Begleiter** (quel) oder **Stellvertreter** des Nomens (qui, que, quoi, lequel).

Begleiter:
Quel temps fait-il?
Quelle heure est-il?

Stellvertreter:
Avec qui est-il allé au cinéma?
Que fais-tu ce soir?
C'est une catastrophe. Quoi faire?
Lequel de ces deux menus préfères-tu?

Beachte
Quel und **lequel** werden in Geschlecht und Zahl angeglichen wie ein Adjektiv.

Quelle amie est-ce que tu invites? Laquelle est-ce que tu invites?
Quels films est-ce que tu préfères? Lesquels est-ce que tu n'aimes pas?

Zusammengesetzte Fragepronomen

Neben den einfachen gibt es auch zusammengesetzte Fragepronomen.

Qu'est-ce qui se passe?
Mais qu'est-ce que tu fais?

Beachte
*Auf **qu'est-ce qui** folgt das **Verb**. → Qu'est-ce qui se passe? Was ist los?*
*Auf **qu'est-ce que** folgt das **Subjekt**. → Qu'est-ce que tu fais? Was tust du da?*

9F Der indirekte Fragesatz / La question indirecte

Du kannst auch **indirekte Fragen** stellen. Im indirekten Fragesatz entspricht die Satzstruktur dem Aussagesatz.

Entscheidungsfragen

Indirekte Entscheidungsfragen werden durch **si** (= ob) eingeleitet.

Question directe	Question indirecte
Faites-vous du sport?	*Je lui demande **si** elle fait du sport.*
Est-ce que vous jouez au tennis?	*Nous voulons savoir **s**'ils jouent au tennis.*

Beachte
Nur **si + il** und **si + ils** werden zusammengezogen:

*Elle demande **s'il** vient.*
*Il veut savoir **s'ils** ont déjà mangé.*

Aber:
*Je demande **si elle** fait du sport.*
*Il veut savoir **si on** parle français à Berne.*

Ergänzungsfragen

Wie die direkten Ergänzungsfragen werden auch die indirekten Ergänzungsfragen durch **Fragewörter** eingeleitet.

Question directe	Question indirecte
Le journaliste lui demande: «***Où est-ce que** vous travaillez?*»	*Le journaliste lui demande **où** il travaille.*
«***Quand** commencez-vous à travailler?*»	*Il veut savoir **quand** il commence à travailler.*
«***Qui** vous aide dans votre travail?*»	*Il lui demande **qui** l'aide dans son travail.*
«***Qu'est-ce que** vous aimez dans votre métier?*»	*Il lui demande **ce qu'**il aime dans son métier.*
«***Qu'est-ce qui** vous plaît le plus?*»	*Il veut savoir **ce qui** lui plaît le plus.*

Beachte
Beim Wechsel von der direkten in die indirekte Rede musst du wie im Deutschen die Pronomen anpassen:

*Elle demande: «Où as-**tu ton** livre?»* → *Elle lui demande où **il** a **son** livre.*

Grammatik | **La grammaire**

10 Ich kann Anweisungen verstehen und geben

10A Ich kann im Schulzimmer Anweisungen verstehen/geben
Je comprends/donne des ordres en classe

10B Die Befehlsform
L'impératif

Um Anweisungen oder Ratschläge zu geben, brauchst du meist die **Befehlsform** (impératif).

Singular (tu)	Plural (nous)	Plural/Höflichkeitsform (vous)
Prends ton stylo.	Prenons nos livres.	Prenez vos cahiers.
Fais les exercices.	Faisons nos devoirs.	Faites vos jeux.
Regarde l'exemple.	Regardons le film.	Regardez à la page 29.

Der Befehl an **eine Person** wird in der Du-Form erteilt. Die Endungen entsprechen jedoch mit wenigen Ausnahmen der **Endung der 1. Person Singular.**

Je cherche la différence. → Cherche la différence.
J'ouvre la porte. → Ouvre la porte.
Je prends le livre. → Prends le livre.

Im **Plural und in der Höflichkeitsform** entsprechen die **Endungen** den **jeweiligen Personalformen** (nous, vous).

Nous prenons le bus. → Prenons le bus.
Vous finissez l'exercice. → Finissez l'exercice.
Vous faites les devoirs. → **Faites** les devoirs.

Für die Verben **être** und **aller** gibt es **Spezialformen:**

Sois prudent.
Soyons optimistes.
Soyez tranquilles.

Va à la maison.
Allons au stade.
Allez à l'église.

Im Französischen gibt es einen Imperativ für die 1. Person Plural. Im Deutschen und im Englischen verwendest du Ersatzkonstruktionen:

en français	auf Deutsch	in English
Allons nager.	*Lasst uns* schwimmen gehen.	*Let's* go for a swim.
Faisons une pause.	*Machen wir doch* eine Pause.	*Let's* take a rest.

10C Die Befehlsform der rückbezüglichen Verben — L'impératif des verbes pronominaux

Bei den rückbezüglichen Verben wie *se préparer, s'asseoir* usw. steht das **betonte Personalpronomen** nach dem Verb und wird mit Bindestrich angehängt.

Grammatik
1C Betonte Personalpronomen, Seite 50

*Tu **te** dépêches.* → *Dépêche-**toi**.*
*Tu **t**'assieds.* → *Assieds-**toi**.*
*Nous **nous** entraînons.* → *Entraînons-**nous**.*
*Vous **vous** levez.* → *Levez-**vous**.*

10D Die verneinte Befehlsform — L'impératif négatif

Bei der Verneinung «umarmen» **ne** und **pas** (ne … jamais, ne … plus usw.) das konjugierte Verb.

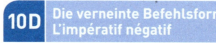

Ne rentre pas trop tard ce soir.
Ne regardons plus la télé tous les jours.
Ne faites jamais de bruit quand le bébé dort.

Bei den rückbezüglichen Verben steht das Pronomen **vor dem Verb**. Die Verneinung «umarmt» Pronomen und Verb.

*Ne **t**'assieds **pas** par terre.*
*Ne **nous** entraînons **plus** le dimanche.*
*Ne **vous** couchez **jamais** après minuit.*

Grammatik | **La grammaire** 81

10E Weitere Möglichkeiten, Anweisungen zu geben / D'autres manières de donner des ordres   *plus*

Pour donner des ordres, on peut aussi utiliser **d'autres formes que l'impératif**.

Dans la vie de tous les jours
Il faut finir l'exercice tout de suite.
Il faut que tu fasses tes devoirs.
Il faut que tu ailles au supermarché.
On ne regarde pas la télé quand on travaille.
Tu pourrais faire attention, s'il te plaît?
Tu dois vraiment te concentrer pendant ton travail.

Dans la vie publique
Il est interdit de marcher sur la pelouse.
Défense de fumer.
Prière de fermer les fenêtres avant de sortir.
Ne pas descendre avant l'arrêt complet du train.

---

fasses (faire), *ailles* (aller): ces formes s'appellent **le subjonctif**. Elles n'existent pas en allemand. Voici d'autres exemples: il faut que tu **prennes** le bus, que tu **viennes** à l'heure, que tu **dises** la vérité, que tu ne **sortes** pas tous les samedis, etc.

11 Ich kann Vorschläge machen und Ratschläge geben

11A Vorschläge und Ratschläge mit dem Imperativ
Propositions et conseils avec l'impératif

Du kannst mit dem **Imperativ** Vorschläge machen und Ratschläge geben.

Prends plutôt le métro.
Allons au cinéma.
Montez donc sur la Tour Eiffel à pied.
Faites du sport régulièrement.

Grammatik
10B Die Befehlsform,
Seite 79

11B Vorschläge und Ratschläge mit Modalverben
Propositions et conseils avec les verbes de mode

Mit **Modalverben** kannst du eine Handlung präziser beschreiben. Sie drücken in Verbindung mit einem anderen Verb im **Infinitiv** aus, dass etwas möglich, notwendig, gewollt, erlaubt, verboten oder erwünscht ist.

Tu veux faire un tour à bicyclette avec moi?
Tu peux demander à ton camarade.
Tu ne *dois* pas oublier ton parapluie quand il pleut.
Nous pouvons rentrer à la maison plus tard, nous avons congé demain.
Est-ce que *nous voulons* sortir ensemble?
Vous devez faire attention quand vous traversez la rue.
Il faut respecter les piétons quand vous faites du vélo.
Il ne *faut* pas rouler trop vite en ville.

Grammatik
14F Schwierige oder
unregelmässige Verben,
Seite 91

11C Vorschläge und Ratschläge mit dem Konjunktiv
Propositions et conseils avec le conditionnel

plus

Tu peux aussi faire des propositions et donner des conseils avec le **conditionnel.**

À ta place, je prendrais le vélo pour aller à l'école.
Est-ce que *tu aimerais* promener le chien?
On pourrait regarder un film.
Il faudrait fermer la porte à clé.
À votre place, *nous* ne *rentrerions* pas seuls à minuit.
Ne *voudriez-vous* pas vous asseoir?

Tu formes le conditionnel comme **le futur simple,** mais tu utilises les terminaisons de **l'imparfait.**

J'aimerais le poulet avec du riz.
Tu pourrais manger du poisson.
Il voudrait payer.
À ta place, nous prendrions le plat du jour.
Vous devriez essayer les lasagnes.
Elles ne mangeraient jamais de frites sans ketchup.

Grammatik
15B Das Futur, Seite 92
16F Das Präteritum,
Seite 97

12 Ich kann Ortsangaben verwenden

12A Ich kann beschreiben, wo sich etwas im Zimmer befindet
Je décris ma chambre

J'entre dans ma chambre.
La fenêtre est vis-à-vis de la porte.
Le bureau est devant la fenêtre.
Je vois un ordinateur sur le bureau.
Au-dessus du bureau, il y a une lampe.
La corbeille à papier est sous le bureau.
Le lit est à gauche de la porte.
Au-dessous du lit, je vois un ballon de foot.
L'armoire se trouve à droite de la porte.
Près de l'armoire, il y a une étagère.
En haut, sur l'étagère, il y a des classeurs.
En bas, il y a des livres.
Le chat est au milieu du tapis.

12B Sich zurechtfinden: venir de, aller à / S'orienter: venir de, aller à

Mit **venir de** und **aller à** kannst du ausdrücken, woher du kommst und wohin du gehst.

Il vient *de la* gare. / *du* musée. / *de l'* hôtel. / *des* Philippines.

Il va *à la* banque. / *au* cinéma. / *à l'* aéroport. / *aux* États-Unis.

Beachte

de + le → du   à + le → au
de + le/la + Vokal → de l'   à + le/la + Vokal → à l'
de + les → des   à + les → aux

12C Städte, Kantone, Länder und Erdteile / Les villes, les cantons, les pays et les continents

*Elle habite **à** Paris **en** France.*
*Elle vient **de** Lisbonne **au** Portugal.*
*Elle va **à** New York **aux** Etats-Unis.*
*La Suisse se trouve **en** Europe.*
*Il habite **dans le canton de** Vaud.*

Bei Angaben zu **Städten** und **Dörfern** verwendest du **à** und **de**.

in Zürich, **nach** Wil: il habite **à** Zurich, elle va **à** Wil
aus Luzern, **von** Schmerikon: il vient **de** Lucerne, elle rentre **de** Schmerikon

Bei Angaben zu **Ländern** verwendest du die folgenden Präpositionen:

Bei weiblichen Ländern: **en** *Espagne,* **en** *Suède,* **en** *Albanie*
Bei männlichen Ländern: **au** *Luxembourg,* **au** *Canada,* **au** *Kosovo*
Bei Ländern im Plural: **aux** *Pays-Bas (Niederlande),* **aux** *Maldives*

Tipp
Länder mit *-e* sind in der Regel weiblich:
la Franc**e**
la Grèc**e**
l'Angleterr**e**

Bei Angaben zu **Erdteilen** verwendest du **en**.

en *Afrique,* **en** *Amérique,* **en** *Asie,* **en** *Australie,* **en** *Europe*

Beachte
Im Unterschied zum Deutschen und Englischen werden Erdteile und Länder im Französischen in der Regel mit dem Artikel verwendet:

l'Europe, l'Asie, la Suisse, le Portugal

12D Unterscheidung zwischen y und en bei Ortsangaben / La différence entre y et en pour indiquer les lieux

Du kannst **y** und **en** anstelle von **Ortsangaben** verwenden. So lassen sich Wiederholungen vermeiden.

y antwortet auf die Frage **où** (wo, wohin).

*Il habite **en Afrique**. Il **y** habite depuis dix ans.*
*Je vais **à Marseille**. J'**y** vais demain.*

en antwortet auf die Frage **d'où** (woher).

*Il est rentré **de Corse**. Il **en** est rentré en pleine forme.*
*Elle vient **du Cameroune**. Elle **en** est originaire.*

être originaire de   stammen aus

13 Ich kann Zeitangaben verwenden

13A Ich kann ein Rendez-vous vereinbaren
Je fixe un rendez-vous

Allô?

Oui, c'est moi. Salut Nathalie.

Bonne idée! On se voit à quelle heure?

Non, c'est trop tôt. À deux heures et demie.

À plus.

C'est toi, Christine?

Tu viens en ville avec moi?

À midi, devant la gare?

D'accord, à tout à l'heure.

13B Ich kann Angaben zur Uhrzeit machen
Je connais l'heure

Vous avez l'heure? Il est quelle heure? Quelle heure est-il?
Du kannst die Uhrzeit auf zwei Arten ausdrücken.

	L'heure officielle		Dans la vie de tous les jours
15:15	Le train part à **15 heures 15**.		Il est **trois heures et quart**.
	Le bus arrive à **9 heures 40**.		Il est **dix heures moins vingt**.
	J'ai rendez-vous chez le médecin à **13 heures 45**.		Il est deux heures **moins quart** (moins le quart).

Il est dix heures.

Il est onze heures **moins** dix.

Il est onze heures **moins** (le) quart.

Il est dix heures dix.

Il est dix heures **et** quart.

Il est dix heures vingt-cinq.

Il est dix heures **et** demie.

Beachte
09:00 = Il est neuf heures **du matin.**
21:00 = Il est neuf heures **du soir.**
12:00 = Il est **midi.**
24:00 = Il est **minuit.**

Zeitangaben werden ähnlich wie im Deutschen und Englischen gebildet. Beachte den Unterschied bei den halben Stunden.

en français	in English	auf Deutsch
À neuf heures et quart.	At a quarter past nine.	Um Viertel nach neun.
À dix heures moins quart.	At a quarter to ten.	Um Viertel vor zehn.
À **neuf** heures et demie.	At half past **nine.**	Um halb **zehn.**

13C Wochentage / Les jours de la semaine

Ausser **dimanche** enden alle Wochentage auf **-di**. Die Nachsilbe **-di** kommt aus dem Lateinischen: **dies** = der Tag. Vergleiche die Wochentage in den verschiedenen Sprachen.

en français	in English	auf Deutsch
lun**di**	Mon**day**	Mon**tag**
mar**di**	Tues**day**	Diens**tag**
mercre**di**	Wednes**day**	Mittwoch
jeu**di**	Thurs**day**	Donners**tag**
vendre**di**	Fri**day**	Frei**tag**
same**di**	Satur**day**	Sams**tag**
dimanche	Sun**day**	Sonn**tag**

Tipp
Schreibe Wochentage und Monate immer klein: lundi, en février

Beachte
le lundi, **le** mardi, etc. = **jeden** Montag/montags, dienstags usw.
vendredi, samedi, etc. = am nächsten/letzten Freitag, Samstag usw.

*Je joue au foot **le samedi**: jeden Samstag*
*J'ai joué au foot **samedi** (passé): am (letzten) Samstag*
*Je vais jouer au foot **samedi** (prochain): am (kommenden) Samstag*

13D Tageszeiten, Monate und Jahreszeiten / Les moments de la journée, les mois et les saisons

Les moments de la journée

Beachte die Unterschiede zwischen den Sprachen, wenn du Angaben zur **Tageszeit** machen willst.

en français	in English	auf Deutsch
le matin	**in** the morning	**am** Morgen, morgens
à midi	**at** noon	**am** Mittag, mittags
l'après-midi	**in** the afternoon	**am** Nachmittag, nachmittags
le soir	**in** the evening	**am** Abend, abends
à minuit	**at** midnight	**um** Mitternacht, mitternachts
la nuit	**at** night	**in** der Nacht, nachts

Grammatik | **La grammaire** 87

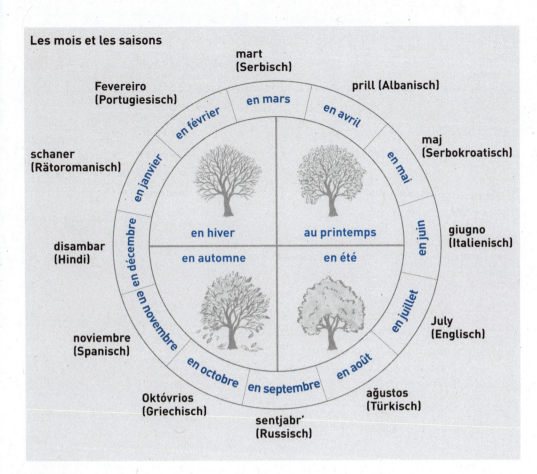

Les mois et les saisons

Beachte

So gibst du **Daten** wieder:

*Aujourd'hui, nous sommes **le** 1er avril 2017*
*Sion, **le** 2 mai 2018*
***Le** 14 juillet, la France est en fête.*

Ab dem 2. des Monats verwendest du im Gegensatz zum Deutschen und zum Englischen **Grundzahlen** statt Ordnungszahlen, z. B.:		
en français	**auf Deutsch**	**in English**
le 2 février	der/am 2. Februar	the 2nd of February
le 5 juillet	der/am 5. Juli	the 5th of July

Grammatik
7B Die Grundzahlen,
Seite 70
7C Die Ordnungszahlen,
Seite 71

13E Zeitangaben / Les indicateurs de temps

Mit Ausdrücken wie den folgenden kannst du **Angaben zur Zeit** (Zeitpunkt, Dauer) machen:

Il est parti en France **il y a** quinze jours.	**vor** zwei Wochen
Elle va revenir du Japon **dans** trois mois.	**in** drei Monaten
Il a appris le suédois **en** trois mois.	**innerhalb von** drei Monaten
Pendant les vacances, il reste en Suisse.	**während** der Ferien
Il vit en Espagne **depuis** trois ans.	**seit** drei Jahren

Das Deutsche **vor** kann im Französischen und Englischen unterschiedlich übersetzt werden.

Vor einer bestimmten **Zeit** (Zeitdauer)
Il est parti **il y a deux** semaines (**vor** zwei Wochen)
Englisch: two weeks **ago**

Vor einem bestimmten **Zeitpunkt**
Il est rentré **avant** minuit (**vor** Mitternacht)
Englisch: **before** midnight

Vor einem bestimmten **Ort**
Ils ont joué au foot **devant** la maison (**vor** dem Haus)
Englisch: **in front of** the house

Grammatik
12A Ich kann beschreiben, wo sich etwas im Zimmer befindet, Seite 83

Du kannst einen Text mithilfe von Zeitangaben strukturieren.

Les scouts sur les traces du castor

Samedi dernier, nous sommes partis à vélo **vers 10 heures** et sommes arrivés au bord de la rivière **vers midi.** Comment arriver sur l'autre rive? Que d'éclats de rire pour construire notre pont de corde.	letzten Samstag, gegen 10 Uhr gegen Mittag
Enfin, à 16 heures, toutes nos affaires sont de l'autre côté. Nous faisons une bonne pause, **ensuite** nous partons tous pour trouver notre poste d'observation des castors. **De retour** au camp, nous préparons un délicieux «souper trappeur». **Après une heure** de chant et de jeux autour du feu, nous sommes prêts à prendre nos places d'observation. **Un peu plus tard,** tout le monde est à son poste. **Tout à coup,** on entend un cri dans la nuit, **puis** un grand plouf! C'est Christian: il est retourné au camp chercher son téléphone mobile dans son sac et il a glissé dans la rivière. Tout le monde éclate de rire. C'est Christian «tout craché»! **Dimanche matin,** je me réveille le premier, **il est** déjà **9 heures.** Inutile de dire que personne n'a vu l'ombre d'un castor **pendant toute la nuit.** Pas même entendu un bruit, car nous étions tous endormis à nos postes.	endlich, um 16 Uhr dann zurück nach einer Stunde etwas später plötzlich, dann am Sonntagmorgen es ist 9 Uhr während der ganzen Nacht

le scout	der Pfadfinder
le castor	der Biber
que d'éclats de rire	welch ein Gelächter
la corde	das Seil
le poste d'observation	der Beobachtungsposten
Christian tout craché	typisch Christian
une ombre	ein Schatten

14 Ich kann über Gegenwärtiges berichten

14A Ich kann mitteilen, was ich gerade tue
Je dis ce que je fais

Je regarde la télé.
Je joue avec ma console.
Je rencontre mes copines.
Je vais en ville, je fais du shopping.
J'ai faim, je mange un sandwich.
Je me promène avec notre chien.

Nous jouons au foot.
Nous faisons les devoirs.
Nous lisons des BD.
Nous écrivons des SMS.
Nous nageons à la piscine.
Nous allons au cinéma.

14B Verben auf -er im Präsens
La conjugaison des verbes en -er au présent

Die Personalformen eines Verbs setzen sich aus einem **Stamm** (thème) und einer **Endung** (terminaison) zusammen.
Es gibt im Französischen Tausende von Verben auf **-er,** die gleich konjugiert werden wie das folgende Beispiel.

	Stamm	Endung	
Je	regard	e	la télé.
Tu	regard	es	un film.
Il/Elle/On	regard	e	un DVD.
Nous	regard	ons	les avions.
Vous	regard	ez	des photos.
Ils/Elles	regard	ent	les oiseaux.

Beachte
Endet der Stamm auf **g,** so wird in der 1. Person Plural (Mehrzahl) ein **e** eingeschoben, damit die Aussprache gleich bleibt.

*nous nag**e**ons, nous mang**e**ons*

Endet der Stamm auf **c,** so wird dieses in der 1. Person Plural (Mehrzahl) durch ein **ç** ersetzt, damit die Aussprache gleich bleibt.

*nous commen**ç**ons, nous lan**ç**ons la balle*

14C Rückbezügliche Verben im Präsens — Les verbes pronominaux au présent

Bei den rückbezüglichen Verben wird ein **Personalpronomen** in der entsprechenden Person eingefügt.

La routine du matin
*Je **me** réveille à 7 heures du matin.*
*Tu **te** douches à l'eau froide.*
*Il **se** lave les cheveux avec du shampoing.*
*Elle **se** brosse les dents.*

*Nous **nous** habillons en un temps record.*
*Vous **vous** regardez dans la glace.*
*Ils **se** coiffent pendant dix minutes.*
*Elles **se** maquillent.*

Im Französischen gibt es rückbezügliche Verben, die im Deutschen nicht rückbezüglich sind, z. B.:

Je m'appelle Fabrice (ich heisse).
Nous nous entraînons tous les jours (wir trainieren).
Vous vous exercez régulièrement (ihr übt).

Es gibt aber auch im Deutschen rückbezügliche Verben, die im Französischen nicht rückbezüglich sind, z. B.:

Elle bouge tout le temps (sie bewegt sich).
Ils refusent de rentrer (sie weigern sich).

14D Das Präsens mit être en train de... — Le présent avec être en train de...

Du verwendest **être en train de**, wenn du darauf hinweisen willst, dass etwas **gerade im Gange** ist:

*Téléphone-moi plus tard, **je suis en train de manger.** (Ich bin gerade am Essen.)*

14E Verben mit einem, zwei oder drei Stämmen — La conjugaison: un thème, deux thèmes ou trois thèmes

Wir unterscheiden zwischen Verben mit **einem, zwei** oder **drei Stämmen** (thèmes). In den folgenden Tabellen sind die Verbformen des ersten Stammes blau unterlegt, die des zweiten gelb und die des dritten grün.

ein Stamm		zwei Stämme		drei Stämme
parler	ouvrir	finir	entendre	venir
je parle	j'ouvre	je finis	j'entends	je viens
tu parles	tu ouvres	tu finis	tu entends	tu viens
elle parle	il ouvre	elle finit	il entend	on vient
nous parlons	nous ouvrons	nous finissons	nous entendons	nous venons
vous parlez	vous ouvrez	vous finissez	vous entendez	vous venez
ils parlent	elles ouvrent	ils finissent	elles entendent	elles viennent

Einstämmige Verben haben im Singular die Endungen: **-e, -es, -e**.
Zwei- und dreistämmige Verben haben im Singular die Endungen: **-s, -s, -t**.
Die Pluralendungen sind in allen Fällen dieselben: **-ons, -ez, -ent**.

Endet der Stamm in der 3. Person Singular auf **d** oder **t**, fügst du **kein zusätzliches t** als Endung hinzu, z. B.: *il enten**d**, elle me**t***.

Beachte
Zusammengesetzte Verben werden gleich konjugiert wie das Grundverb.

je porte → je transporte, j'apporte
nous prenons → nous comprenons, nous apprenons

14F Schwierige oder unregelmässige Verben
Quelques verbes difficiles ou irréguliers

Es gibt eine Reihe von häufig verwendeten Verben mit schwierigen oder unregelmässigen Personalformen.

Verbes de mode

savoir	devoir	vouloir	pouvoir
je sais	je dois	je veu**x**	je peu**x**
tu sais	tu dois	tu veu**x**	tu peu**x**
il sait	on doit	elle veut	on peut
nous savons	nous devons	nous voulons	nous pouvons
vous savez	vous devez	vous voulez	vous pouvez
ils savent	elles doivent	ils veulent	elles peuvent

Verbes irréguliers

aller	avoir	être	faire
je vais	j'ai	je suis	je fais
tu vas	tu as	tu es	tu fais
elle va	il a	on est	il fait
nous allons	nous avons	nous sommes	nous faisons
vous allez	vous avez	vous êtes	vous faites
ils vont	elles ont	ils sont	elles font

Tipp
Rhythmische Merkhilfen:

je veux, tu peux

vous êtes, vous faites, vous dites

ils ont, ils sont, ils font, ils vont

14G Veränderliche Stämme
Le thème change

Bei einzelnen Verben auf **-er** ändert sich der Stamm leicht vor einer **stummen Endung**. Vor einer gesprochenen Endung bleibt der Stamm hingegen unverändert.

se lever	appeler	répéter	envoyer
je me l**è**ve	j'appe**ll**e	je rép**è**te	j'envo**ie**
tu te l**è**ves	tu appe**ll**es	tu rép**è**tes	tu envo**ies**
elle se l**è**ve	il appe**ll**e	on rép**è**te	il envo**ie**
nous nous l**e**vons	nous appe**l**ons	nous rép**é**tons	nous envo**y**ons
vous vous l**e**vez	vous appe**l**ez	vous rép**é**tez	vous envo**y**ez
ils se l**è**vent	elles appe**ll**ent	ils rép**è**tent	elles envo**ient**

Ebenso

mener (je mène, nous menons) acheter (j'achète, nous achetons) se promener (je me promène, nous nous promenons)	jeter (je jette, nous jetons)	espérer (j'espère, nous espérons) tolérer (je tolère, nous tolérons)	nettoyer (je nettoie, nous nettoyons) essayer (j'essaie, nous essayons) payer (je paie, nous payons) s'ennuyer (je m'ennuie, nous nous ennuyons)

15 Ich kann über Zukünftiges sprechen

15A Das Futur mit aller / Le futur composé

Um über Zukünftiges zu sprechen, kannst du das **futur composé** verwenden.

Voici mon programme de vacances:
*Je **vais aller** dans un camp de scouts. Nous **allons faire** des randonnées. Les chefs scouts **vont organiser** une chasse au trésor. Nous **allons griller** des saucisses. Le soir, nous **allons chanter** autour d'un feu de camp. Je me réjouis, on **va** bien **s'amuser**!*

Das **futur composé** wird mit **aller** + **Infinitiv** gebildet.

*Je **vais faire** du volley.*   *Nous **allons organiser** une chasse au trésor.*
*Tu **vas jouer** au tennis.*   *Vous **allez regarder** un film.*
*Il/elle/on **va griller** des saucisses.*   *Ils/elles **vont manger** une pizza.*

Beachte
Bei der Verneinung «umarmen» **ne** und **pas** das konjugierte Verb.

*Je **ne vais pas aller** au cinéma.*

Grammatik
8B Der verneinte Satz, Seite 74

Im Englischen und im Schweizerdeutschen gibt es ähnlich zusammengesetzte Zukunftsformen wie im Französischen.		
en français	**in English**	**auf Schweizerdeutsch**[1]
Je **vais** nager.	I am **going to** swim.	I **gang go** schwimme.
Nous **allons** jouer au foot.	We are **going to** play football.	Mer **gönd go** tschutte.

15B Das Futur / Le futur simple

Neben dem **futur composé** gibt es im Französischen eine zweite Zukunftsform, das **futur simple**.

Das **futur simple** setzt sich in der Regel zusammen aus dem **Infinitiv** des Verbes und den **Futur-Endungen**.

*parler → je parler**ai**, tu parler**as**, il parler**a***
*partir → nous partir**ons**, vous partir**ez**, elles partir**ont***

Das **futur simple** setzt sich ursprünglich aus dem **Infinitiv** und dem **Präsens** des Hilfsverbes **avoir** zusammen. Die Präsensformen von **avoir** sind heute noch im Singular sowie in der 3. Person Plural erkennbar. Im Unterschied zum Infinitiv sprichst du im **futur simple** das **Schluss-r** vor der Endung aus.

danser

je	danse		ai
tu	danse		as
il/elle/on	danse	**r**	a
nous	danse		ons
vous	danse		ez
ils/elles	danse		ont

Während im französischen Futur die ursprüngliche Form (Infinitiv + avoir) nicht mehr auf Anhieb ersichtlich ist, verwendest du im Englischen und im Deutschen bis heute ein Hilfsverb und den Infinitiv.

en français	in English	auf Deutsch
L'avion **partira** à l'heure.	The plain **will take** off in time.	Das Flugzeug **wird** rechtzeitig **abfliegen**.
Tu **arriveras** trop tard.	You **will be** late.	Du **wirst** zu spät **kommen.**

Die folgende Tabelle zeigt dir einen Überblick über die **regelmässigen Futurformen**.

chante**r**		fini**r**		mett**re**	
je	chante**rai**	je	fini**rai**	je	mett**rai**
tu	chante**ras**	tu	fini**ras**	tu	mett**ras**
il/elle/on	chante**ra**	il/elle/on	fini**ra**	il/elle/on	mett**ra**
nous	chante**rons**	nous	fini**rons**	nous	mett**rons**
vous	chante**rez**	vous	fini**rez**	vous	mett**rez**
ils/elles	chante**ront**	ils/elles	fini**ront**	ils/elles	mett**ront**

Beachte
Endet das Verb im **Infinitiv** mit einem **stummen -e** (z. B. mettr**e**), fällt dieses im Futur weg.

Neben den regelmässigen Futurformen gibt es eine Reihe von häufig verwendeten **unregelmässigen Formen**.

aller	avoir	être	Weitere unregelmässige Formen	
j'ir**ai**	j'aur**ai**	je ser**ai**	pouvoir	→ je pourr**ai**
tu ir**as**	tu aur**as**	tu ser**as**	vouloir	→ tu voudr**as**
elle ir**a**	il aur**a**	on ser**a**	faire	→ elle fer**a**
nous ir**ons**	nous aur**ons**	nous ser**ons**	voir	→ nous verr**ons**
vous ir**ez**	vous aur**ez**	vous ser**ez**	envoyer	→ vous enverr**ez**
ils ir**ont**	ils aur**ont**	elles ser**ont**	venir	→ ils viendr**ont**

15C Das Futur der zweistämmigen Verben auf -er / Le futur des verbes en -er à deux thèmes *plus*

Les **verbes en -er à deux thèmes** (par exemple se lever: je me lève, nous nous levons) forment le futur à partir du **premier thème**.

se lever → je me l**è**ve	appeler → j'appe**ll**e	nettoyer → je netto**i**e
je me l**è**ve**rai**	j'appe**ll**e**rai**	je netto**i**e**rai**
tu te l**è**ve**ras**	tu appe**ll**e**ras**	tu netto**i**e**ras**
elle se l**è**ve**ra**	il appe**ll**e**ra**	il netto**i**e**ra**
nous nous l**è**ve**rons**	nous appe**ll**e**rons**	nous netto**i**e**rons**
vous vous l**è**ve**rez**	vous appe**ll**e**rez**	vous netto**i**e**rez**
ils se l**è**ve**ront**	elles appe**ll**e**ront**	elles netto**i**e**ront**

Grammatik
14G Veränderliche Stämme, Seite 91

Tipp
1ère p. présent
+ **r**
+ **terminaison**.
j'appelle + **r** + **ai** →
j'appellerai

16 Ich kann über Vergangenes berichten

16A Über die Ferien erzählen / Parler des vacances

Die Vergangenheitsform, die du am häufigsten brauchst, ist das **passé composé**. Du verwendest es zum Beispiel, wenn du über deine Ferien berichtest.

Je m'appelle Fabrice. Cet été, au mois de juillet, **j'ai travaillé** dans un fast-food pour gagner de l'argent. Au mois d'août, **je suis descendu** sur la Côte d'Azur avec deux copains. **Nous sommes allés** dans un camping sympa près de Cannes. Pendant la journée, **nous avons** beaucoup **nagé** et **nous avons bronzé** sur la plage. Le soir, **nous avons dansé** et **nous nous sommes** bien **amusés**. Génial, non?

16B Das Perfekt mit avoir und être / Le passé composé avec avoir et être

Das **passé composé** entspricht von der Form her dem deutschen Perfekt. Die beiden Zeiten werden aber nicht immer gleich gebraucht. Du verwendest das passé composé, wenn du eine **einmalige Handlung** in der Vergangenheit beschreiben willst.

Das passé composé wird mit den Hilfsverben **avoir** oder **être** und dem **participe passé** (Partizip II) gebildet.

Verben auf **-er** wie mang**er** → j'ai mang**é**
Verben auf **-ir** wie part**ir** → tu es part**i**
Verben auf **-dre** wie atten**dre** → ils ont atten**du**

Daneben gibt es viele **unregelmässige Partizipien**, die du lernen musst.

être → j'ai été
avoir → tu as eu
voir → elle a vu
prendre → nous avons pris
vouloir → vous avez voulu
devoir → ils ont dû

Le passé composé avec avoir

Das **passé composé** der meisten Verben wird mit **avoir** gebildet.

L'année passée, Il y a un mois, Hier, …	**j'ai fait** un voyage. **tu as visité** Paris. **il a vu** la Tour Eiffel. **nous avons** beaucoup **marché**. **vous avez mangé** au bord de la Seine. **ils ont passé** la nuit à l'auberge de jeunesse.

Beachte
Bei der Verneinung «umarmen» **ne** und **pas** das konjugierte Hilfsverb.

Tu **n'as pas eu** le beau temps.
Vous **n'avez pas visité** le Louvre.

Grammatik
8B Der verneinte Satz,
Seite 74

Le passé composé avec être

Das **passé composé** einiger wichtiger **Bewegungsverben** wird mit **être** gebildet.

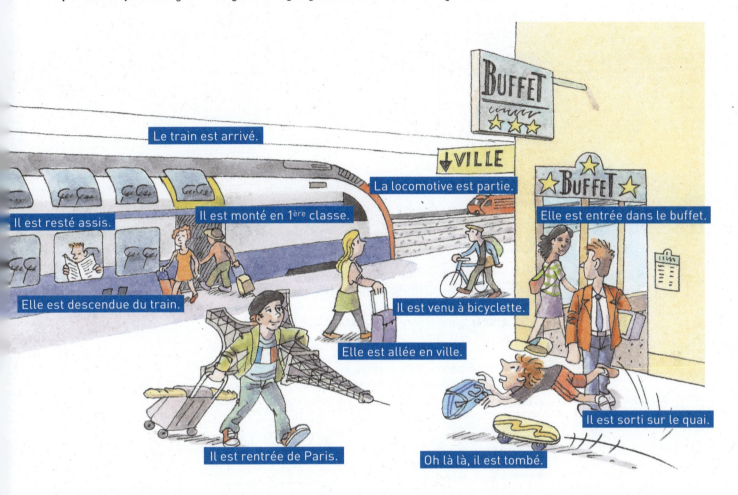

«Les verbes de la gare»

aller	↔	venir
arriver	↔	partir
entrer	↔	sortir
monter	↔	descendre
rentrer	↔	rester
	tomber	

Beachte
Das **Partizip** der mit **être** konjugierten Verben ist **veränderlich** wie ein Adjektiv.

Il est **monté** au premier étage.
Elle est **tombée** dans l'escalier.
Ils sont **descendus** au garage.
Elles sont **rentrées** à la maison.

Tipp
Merke dir die «verbes de la gare» am besten **paarweise.**

Tipp
La croix de l'adjectif.

	m	f
Sg.	–	-e
Pl.	-s	-es

Im Deutschen wird das Perfekt wie im Französischen mit **haben** oder **sein** gebildet. Die beiden Sprachen stimmen aber nicht immer überein.

en français	auf Deutsch
J'*ai été* au cinéma.	Ich **bin** im Kino **gewesen**.
Tu *as couru* à l'école.	Du **bist** in die Schule **gerannt**.
Elle *a nagé* dans le lac.	Sie **ist** im See **geschwommen**.
Nous *avons sauté* dans l'eau.	Wir **sind** ins Wasser **gesprungen**.

Grammatik
14C Rückbezügliche Verben im Präsens, Seite 90

16C Die rückbezüglichen Verben im Perfekt / Les verbes pronominaux au passé composé

Die **rückbezüglichen Verben** werden im **passé composé** mit **être** konjugiert und an das Subjekt angeglichen. Im Deutschen werden sie meist mit **haben** konjugiert.

*Je me **suis** réveillé(e) à six heures.*
*Tu t'**es** douché(e) avec de l'eau froide.*
*Il s'**est** mis à table.*
*Elle s'**est** disputée avec son frère.*
*Nous nous **sommes** amusé(e)s.*
*Vous vous **êtes** fâché(e)s.*
*Ils se **sont** énervés.*
*Elles se **sont** excusées.*

16D Die Veränderlichkeit des Partizips mit avoir / L'accord du participe passé avec avoir

Wenn das **passé composé** mit **avoir** gebildet wird, bleibt das Partizip II unveränderlich. Geht ihm jedoch ein **direktes Objekt** voran, so gleicht es sich diesem in Zahl und Geschlecht an. Als direktes Objekt kommen insbesondere das **pronom objet direct (le, la, les)** sowie das **pronom relatif que** in Frage.

*J'ai fermé **la porte**. Je **l'**ai fermé**e** à clef.*
*J'ai fini **mes travaux**. Je **les** ai finis ce matin.*
*Tu as vu **les belles roses**? Je **les** ai achet**ées** pour ma mère.*

*Paul a cherché ses livres. Voici **les livres qu'**il a cherché**s**.*
*Tu as retrouvé **la lettre que** tu as perdu**e**?*

Beachte
Bei **me, te, nous** und **vous** musst du herausfinden, ob das Pronomen ein direktes oder indirektes Objekt ersetzt.

Steht es für ein **direktes Objekt,** musst du angleichen.

*Valérie, ta copine **t'**a appelée.* → *appeler **qn** = objet direct*

Steht es für ein **indirektes Objekt,** musst du nicht angleichen.

*Valérie, ta copine **t'**a téléphoné.* → *téléphoner **à qn** = objet indirect*

16E Die unmittelbare Vergangenheit / Le passé récent

Mit dem **passé récent** kannst du ausdrücken, dass etwas **gerade eben geschehen** ist. Diese Vergangenheitsform wird vor allem im mündlichen Sprachgebrauch verwendet.

Das **passé récent** wird mit **venir de + Infinitiv** gebildet.

*Vous avez de la chance, je **viens de** rentrer.*
*L'arbitre **vient de** siffler la fin du match.*
*Nous **venons de** rencontrer tes copains près de la gare.*
*Non, mes parents ne sont pas là, ils **viennent de** partir.*

16F Das Präteritum — L'imparfait

Das **imparfait** entspricht der Form nach dem deutschen Präteritum. Die beiden Zeiten werden aber nicht immer gleich gebraucht. Du verwendest das **imparfait**, wenn du **Zustände** und **Vorgänge** beschreibst, die in der Vergangenheit **andauern**. In Erzählungen gibt das **imparfait** den **Hintergrund** einer Geschichte wieder.

Il *faisait* nuit.
Il *pleuvait*.
Le vent *soufflait*.
Le hibou *chantait*.
Tout le monde *dormait*...

Auch Geschehnisse, die sich in der Vergangenheit **wiederholen,** werden im **imparfait** wiedergegeben.

Tous les matins, j'*allais* nager dans le lac et l'après-midi, je *faisais* souvent du vélo...

Das **imparfait** wird mit dem **Stamm der 1. Person Plural Präsens** und speziellen **Endungen** gebildet. Die einzige **Ausnahme** bildet das Verb **être**.

parler (nous **parl**ons)	finir (nous **finiss**ons)	vendre (nous **vend**ons)	avoir (nous **av**ons)	être (nous sommes)
je parl**ais**	je finiss**ais**	je vend**ais**	j'av**ais**	j'**étais**
tu parl**ais**	tu finiss**ais**	tu vend**ais**	tu av**ais**	tu **étais**
on parl**ait**	elle finiss**ait**	il vend**ait**	on av**ait**	il **était**
nous parl**ions**	nous finiss**ions**	nous vend**ions**	nous av**ions**	nous **étions**
vous parl**iez**	vous finiss**iez**	vous vend**iez**	vous av**iez**	vous **étiez**
elles parl**aient**	ils finiss**aient**	ils vend**aient**	elles av**aient**	ils **étaient**

Beachte

Lass dich nicht beirren, wenn du bisweilen seltenen Imparfait-Formen begegnest.

*nous **étudi**ons* → *nous étud**iions***
*nous **pay**ons* → *nous pa**yions***

Achte bei den **Verben auf -cer und -ger** auf die besondere Schreibweise:

*nous **commenç**ons* → *je commen**ç**ais, nous commen**c**ions, ils commen**ç**aient*
*nous **mange**ons* → *je mang**e**ais, nous mang**i**ons, elles mang**e**aient*

Merke dir die Formen von **falloir** und **pleuvoir**, die nur **in der 3. Person Singular** verwendet werden:

falloir → *il fallait*
pleuvoir → *il pleuvait*

16G Der Gebrauch von passé composé und imparfait / L'emploi du passé composé et de l'imparfait

Imparfait und **passé composé** treten in Erzählungen meist gemeinsam auf. Dabei **beschreibt** das **imparfait** den **Hintergrund** der Geschichte. Die **Handlungen** im **Vordergrund** hingegen werden im **passé composé** erzählt.

Tipp
Was war? → imparfait
Was geschah? → passé composé

Für beide Zeiten der Vergangenheit gibt es bestimmte **Signalwörter.** So wird das **passé composé** in Verbindung mit Ausdrücken wie **tout à coup, alors, d'abord, et puis, ensuite, après** verwendet. Das **imparfait** hingegen tritt nach Ausdrücken wie **déjà, en même temps, pendant que** auf.

Imparfait	Passé composé
Il **faisait** nuit. Tout le monde **dormait** déjà.	
	Tout à coup, j'**ai entendu** un bruit. Je me **suis levé** et j'**ai regardé** par la fenêtre.
C'**était** un voleur! Il **voulait** entrer par la porte du garage.	
	Que faire? J'**ai crié** au secours, puis j'**ai appelé** la police. Mais…

16H Das Plusquamperfekt / Le plus-que-parfait

Le plus-que-parfait indique un fait qui est arrivé dans le passé avant un autre fait. Il est formé comme **le passé composé,** mais les verbes **avoir** et **être** sont à **l'imparfait.**

J'**étais** content parce que j'**avais fini** mes devoirs avant de partir au cinéma.
J'**ai mis** les nouvelles chaussures que j'**avais achetées** pendant mes vacances.

Eine Übersicht, wie die gebräuchlichsten Verben in den verschiedenen Zeiten konjugiert werden, findest du auf der Lernplattform.

Sprechanlässe innerhalb und ausserhalb des Schulzimmers

Situations en classe et au-delà

1 Communication en classe / Im Schulalltag

En classe

In der folgenden Schautafel findest du wichtige Wörter aus dem Schulalltag.

1 la tablette numérique	9 le scotch	18 le lecteur CD/DVD
2 le pupitre	10 le taille-crayon	19 le haut-parleur
3 le dictionnaire	11 la fenêtre	20 l'armoire (f)
4 le marqueur	12 le tableau magnétique	21 le calendrier
5 l'ordinateur portable (m)	13 l'aimant (m)	22 le panneau d'affichage
6 le stylo	14 le feutre	23 le maître, la maîtresse/ l'instituteur, l'institutrice
7 le vidéoprojecteur, le beamer	15 l'étagère (f)	
	16 le classeur	
8 l'imprimante (f)	17 le tiroir	

Sprechanlässe innerhalb und ausserhalb des Schulzimmers | **Situations en classe et au-delà**

24 le bureau du maître/
   de la maîtresse
25 l'écran (m)
26 le clavier
27 la souris
28 le tableau noir
29 la craie
30 l'éponge (f)
31 l'affiche (f)

32 l'horloge (f)
33 la porte
34 le rétroprojecteur
35 le mur
36 la télé
37 la colle
38 le cahier
39 le sac à dos
40 le bloc-notes

41 le papier (à dessin)
42 le crayon (de couleur)
43 la corbeille à papier
44 la calculatrice
45 la lampe
46 l'élève (m/f)
47 la chemise en plastique
48 le dessin
49 la règle

50 la chaise
51 la feuille
52 le post-it
53 le livre
54 la gomme
55 l'étui (m)/
   la trousse

Madame, j'ai une question

Die folgenden Wendungen helfen dir, bestimmte Situationen im Unterricht zu meistern.

2 Se saluer, se présenter, prendre congé
Sich begrüssen, jemanden vorstellen, sich verabschieden

Folgende Ausdrücke und Wendungen helfen dir, wenn du dich mündlich oder schriftlich vorstellst, wenn du jemanden begrüsst oder dich verabschiedest.

Je me présente
Je m'appelle Daniel.
J'habite à Zurich./Je viens de St-Gall.
J'ai... ans.
Je parle allemand et...
J'ai une sœur et deux frères./Je n'ai pas de frères et sœurs.
Mes loisirs sont le sport, la musique et.../Mes hobbies sont le tennis et...
J'aime la musique rock et...
Je n'aime pas l'hiver.

Salut, au revoir

Claudine	Salut Mirjam, ça va?
Mirjam	Hello Claudine, ça va bien, merci, et toi?
Claudine	Extra!
Mirjam	Voilà, je te présente mon père.
Monsieur P.	Bonjour Claudine.
Claudine	Bonjour Monsieur, enchantée.
Monsieur P.	Bienvenue à Neuchâtel. Tout va bien?
Claudine	Super, merci.
Monsieur P.	Excusez-moi, je dois vous laisser.
Mirjam	Ce n'est pas grave. Ciao Papa.
Claudine	Au revoir, Monsieur.
Monsieur P.	Au revoir les filles.

3 Parler de ses loisirs
Über seine Hobbys sprechen

Du möchtest jemandem sagen, was du in deiner Freizeit gerne tust.

Mes hobbys sont l'ordinateur et la console.

J'adore garder les enfants.

J'aime bien l'équitation.

Je suis fan de théâtre.

J'aime beaucoup le tennis.

Ma passion, c'est la danse.

Mon sport favori, c'est le hockey.

J'aime faire la cuisine.

enchanté/e	sehr erfreut
bienvenue	willkommen
Ce n'est pas grave.	Das ist nicht schlimm.
l'équitation (f)	das Reiten
ma passion	meine Leidenschaft

Je fais du ski parce que j'aime être dans la nature

Du sprichst über dein Hobby und erklärst, warum dir diese Freizeitbeschäftigung gefällt. Die Listen sind nicht vollständig. Übermale, was du wichtig findest, und ergänze, was fehlt.

Je fais...	Parce que...

Je fais du sport
Je joue au tennis, au volley...
Je fais du ski, de l'équitation...
J'aime nager, grimper...

J'aime bouger, m'entraîner...
Ma passion, c'est être dans la nature.
J'aime être avec mes copains.

Je bricole
Je fais du bricolage.
Je bricole avec du bois, du papier, de la colle...

J'aime travailler avec les mains, des appareils...
J'adore réparer, construire...

J'aime lire et m'informer
Je lis des livres, des journaux...
Je surfe sur Internet.
Je regarde la télévision, des DVD...
J'écoute la radio, des podcasts...

J'adore les aventures, les histoires d'amour...
J'aime m'informer, apprendre...
Je m'intéresse au sport, à la politique...

J'aime les animaux ou les plantes
Je joue avec mon hamster, mes lapins...
Je cultive des fleurs, des cactus...

J'aime beaucoup caresser les chats, dresser les chiens...
J'adore la nature, les plantes...

J'aide dans le ménage
Je fais la cuisine, je décore la table...
J'aide ma mère.
Je garde mon petit frère.

J'adore inviter mes copines.
J'aime aider, faire plaisir...
Je veux gagner de l'argent de poche.

Je suis dans un groupe de jeunes
Je suis dans un club de foot, un orchestre...
Je vais aux scouts.

J'aime être avec mes copains.
J'aime discuter, m'amuser...

Je suis un/e artiste
Je fais du théâtre, je chante...
Je joue du piano, de la batterie, du violon...
Je dessine, j'écris des poèmes.

J'adore être sur scène, répéter...
J'aime bien la musique, l'art...

Je suis collectionneur/euse
Je collectionne des autographes, des maillots de football...
J'ai une collection de timbres, de papillons...

Je suis fan de l'équipe du FC Bâle...
J'aime comparer mes authographes, échanger mes timbres...

J'aime jouer
Je fais des jeux vidéo.
Je joue avec ma console de jeu.
Je joue aux cartes, au Monopoly...

J'adore jouer avec mon ordinateur...
J'aime jouer avec mes copines et mes copains, être avec ma famille, gagner...

grimper	klettern	cultiver qc	etwas aufziehen, züchten
bouger	sich bewegen	caresser qn	jemanden streicheln
le bricolage	das Basteln	les scouts	die Pfadfinder

Je regarde la télé deux heures par jour
Wann und wie oft übst du dein Hobby aus?

Je fais de la gymnastique **une fois par semaine.**
J'ai un match **le samedi.**
Je m'entraîne **régulièrement.**
Nous jouons en famille **le week-end.**
Je fais des randonnées **pendant les vacances.**
Je fais de la boxe **depuis deux ans.**

4 Dire ce qu'on aime et ce qu'on n'aime pas
Vorlieben und Abneigungen ausdrücken

Mit den folgenden Ausdrücken und Wendungen kannst du sagen, was du magst (Hmm!) und was du nicht magst (Beurk!). Links stehen einfachere Ausdrücke, rechts schwierigere.

Ma passion, c'est la cuisine!

Hmm!

J'adore faire la cuisine.	**J'aime passionnément** faire des gâteaux.
Je suis fan de la cuisine italienne.	**J'ai un faible pour** les desserts.
J'aime beaucoup les pâtes.	**J'aime énormément** les glaces.
Je préfère le poisson.	**J'aime mieux** aller au restaurant.
J'aime les soupes.	**J'aime** cuisiner chez moi.
J'aime assez les repas en famille.	**Je n'aime pas trop** ranger la cuisine.
Je n'aime pas spécialement les crêpes.	**Je n'apprécie pas** les fruits de mer.
Je n'aime pas la viande.	**Je n'aime pas du tout** faire la vaisselle.
Je déteste la ratatouille.	**Je ne supporte pas** l'ail dans les sauces.

Beurk!

---

l'ail (m)   der Knoblauch

5 Exprimer des sentiments
Gefühle ausdrücken

Wie geht es dir? Wie fühlst du dich? Möchtest du eine Kameradin oder einen Kameraden aufmuntern? Du kannst einfachere (links) oder anspruchsvollere Ausdrücke (rechts) verwenden.

Je suis content/e.
Ich bin zufrieden.

Je vais bien.
Es geht mir gut.

Je suis heureux/euse.
Ich bin glücklich.

Je suis motivé/e.
Ich bin motiviert.

Je suis optimiste.
Ich bin zuversichtlich.

Je suis en forme!

Je suis fier/fière de moi.
Ich bin stolz auf mich.

Je me porte bien.
Es geht mir gut.

Je suis bien dans ma peau.
Es ist mir wohl in meiner Haut.

Je suis à l'aise.
Ich fühle mich wohl.

Je suis enthousiaste.
Ich bin begeistert.

Je suis fatigué/e.
Ich bin müde.

Je suis nerveux/euse.
Ich bin nervös.

Je suis stressé/e.
Ich bin gestresst.

Je suis triste.
Ich bin traurig.

J'ai peur.
Ich habe Angst.

Je ne vais pas bien!

Je m'ennuie.
Ich langweile mich.

Je suis troublé/e.
Ich bin verwirrt.

J'ai le trac.
Ich habe Lampenfieber.

Je suis malheureux/euse.
Ich bin unglücklich.

Je suis fâché/e.
Ich bin wütend.

Courage!
Nur Mut.

Ça va aller.
Es wird schon gehen.

Pas de panique!
Nur keine Panik.

Soyons optimistes!

Pas de soucis.
Sei ohne Sorgen.

Du calme!
Nur die Ruhe.

Ne t'inquiète pas.
Mach dir keine Sorgen.

6 S'excuser, accepter une excuse
Sich entschuldigen, eine Entschuldigung annehmen

Wenn du dich entschuldigen möchtest, verwendest du einen der folgenden Ausdrücke (links). Du kannst auch auf eine Entschuldigung reagieren (rechts).

sich entschuldigen	darauf reagieren
Excusez-moi, je n'ai pas fait mes devoirs.	Ce n'est pas grave. Das ist nicht schlimm.
Excuse-moi, j'ai complètement oublié ta BD.	Pas de problème. Kein Problem.
Pardon, je suis en retard parce que j'ai raté le bus.	Ne t'en fais pas. Schon in Ordnung.
Malheureusement, je n'ai pas entendu le réveil.	Ça peut arriver. Das kann vorkommen.
Je suis désolé/e, j'ai oublié le cahier à la maison.	Ne t'inquiète pas. Mach dir keine Sorgen.
Pardonnez-moi, je ne peux pas vous aider à la bibliothèque aujourd'hui.	Mais je t'en prie. Das ist schon ok.

P A R D O N

Je suis désolé/e.   ich bedaure.

7 Donner son avis, exprimer son accord ou son désaccord
Seine Meinung, Zustimmung oder Ablehnung ausdrücken

Es kommt vor, dass ihr in einer Gruppe gemeinsam eine Geschichte schreibt. Um in einer solchen Situation deine Meinung auszudrücken, helfen dir die folgenden Wendungen.

Donner son avis (Seine Meinung ausdrücken)
À mon avis, il faut d'abord chercher une idée amusante.
Je trouve qu'on doit noter les idées sur une grande feuille.
Je pense qu'il faut faire un remue-méninges.

Einem Vorschlag kannst du zustimmen oder du kannst ihn ablehnen.

Faire une proposition (Einen Vorschlag machen)	Exprimer son accord (Zustimmung ausdrücken)	Exprimer son désaccord (Ablehnung ausdrücken)
Commençons tout de suite à écrire l'histoire.	**Je suis d'accord.**	**Je ne suis pas d'accord,** il faut d'abord chercher des idées.
Prenons une grande feuille pour noter nos idées.	**Pourquoi pas?** **Excellent,** c'est moi qui écris.	**J'ai une autre idée:** faisons un remue-méninges.
On écrit l'histoire tous ensemble?	**C'est une bonne idée.** **C'est génial. C'est cool.**	**Non, à mon avis, il faut** faire deux groupes.
Est-ce que tu écris la fin de l'histoire?	**Ok!** **Je veux bien.**	**D'après moi, il faut** écrire la fin ensemble.
Il faut encore s'exercer pour bien lire le texte!	**Tu as raison.** **C'est juste.**	**Non, je ne pense pas,** ce n'est pas nécessaire.
On termine notre histoire?	**Je suis sûr/e que** notre texte va amuser les copains.	**Oui, mais** je trouve l'histoire un peu courte.

le remue-méninges   das Brainstorming

Sprechanlässe innerhalb und ausserhalb des Schulzimmers | **Situations en classe et au-delà** 109

8 Communiquer avec un partenaire ou en groupe
Sich in Partner- oder Gruppenarbeiten verständigen

Discuter en groupe

Die nachstehenden Ausdrücke helfen dir dabei, dich während einer Partner- oder Gruppenarbeit auf Französisch zu verständigen.

Savoir quoi dire et à quel moment

In den folgenden Listen begegnest du Situationen, die bei Partner- oder Gruppenarbeiten immer wieder vorkommen, und Vorschlägen, wie ihr euch ausdrücken könnt. Du kennst aus dem Englischunterricht bereits ähnliche Redemittel.

Commencer le travail en groupe (Mit der Gruppenarbeit beginnen)
Vous êtes prêt(e)s?
On peut commencer?
Qui prend des notes?
C'est parti.

Demander une pause ou plus de temps pour le travail (Um eine Pause oder mehr Zeit zum Arbeiten bitten)
Encore une minute.
Un moment, s'il te plaît.
Attendez, s'il vous plaît.

C'est parti.   *Es geht los.*

Continuer après une interruption (Nach einer Unterbrechung weiterfahren)
Ça y est? On peut continuer?
On reprend le travail?
Qu'est-ce qu'on fait maintenant?

Exprimer des doutes (Zweifel äussern)
Je pense qu'il y a un problème.
Quelque chose ne va pas.
Cela ne marche pas comme ça.
Demandons à Madame XX/à Monsieur YY.

Demander de l'aide (Um Hilfe bitten)
J'ai un problème. Qui peut m'aider?
Monsieur XX/Madame YY, nous avons une question.
Qu'est-ce que j'écris? Pourrais-tu me dicter?
Peux-tu épeler le mot?

Discuter pour savoir ce qu'il faut faire (Das weitere Vorgehen besprechen)
J'aimerais faire une proposition.
– Bonne idée. Je suis d'accord avec toi.
Voilà, j'ai une idée.
– Excellente proposition.
Ça y est, j'ai trouvé.
– D'accord, ça pourrait marcher.
Qu'est-ce qu'on fait maintenant?
– Je pense qu'il faut aller à la bibliothèque.
Comment continuer? Que pensez-vous?
– À mon avis, on devrait chercher sur Internet.

Voilà, j'ai une idée.

Excellente proposition.

Finir le travail (Die Arbeit beenden)
Je pense que nous avons terminé.
Ça y est, on peut rendre le travail?
On est prêts pour la présentation?
Je trouve qu'on a bien travaillé.

épeler qc	etwas buchstabieren
rendre qc	etwas abgeben, zurückgeben

9 Créer et présenter une affiche
Ein Plakat gestalten und präsentieren

Wenn du im Unterricht ein Plakat gestalten und präsentieren musst, ist es wichtig, dass du Text und Bildmaterial geschickt einsetzt, damit dich deine Klassenkameradinnen und -kameraden gut verstehen: Du kannst im Text wichtige Wörter hervorheben, die dir dann beim Präsentieren nützlich sein werden. Du kannst auch mit Bildern, Tabellen oder Grafiken auf wichtige Dinge hinweisen.

Créer une affiche

Damit man sich auf dem Plakat zurechtfindet, ist eine gute Darstellung wichtig. Bilder und Texte müssen übersichtlich und logisch angeordnet sein, zum Beispiel in Spalten. Zuoberst auf dem Plakat steht ein grosser **Haupttitel.** Darunter platzierst du die **Texte** und das **Bildmaterial.** Die Texte müssen kurz und in grosser Schrift verfasst sein. Die verschiedenen Textteile werden durch **Zwischentitel** gegliedert. Zur **Illustration** kannst du Fotos, Zeichnungen, Tabellen, Karten und Grafiken verwenden. Zum Bildmaterial gehört in der Regel eine **Legende.**

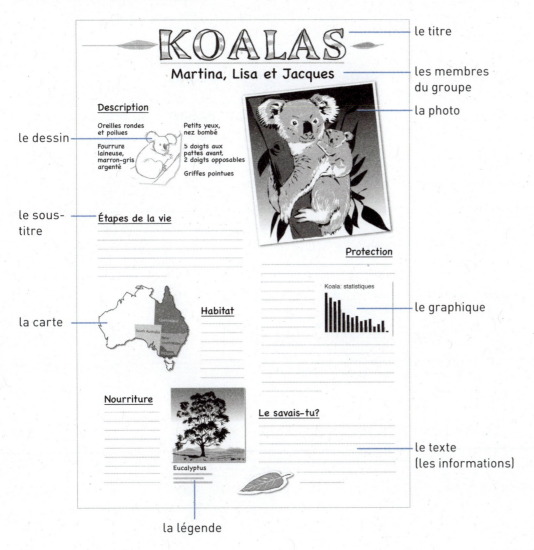

Présenter une affiche

So stellst du dein Plakat Schritt für Schritt vor.

Présenter le thème (Das Thema vorstellen)
Avec mon affiche, je vous présente le thème suivant:...
Voici mon poster sur le sujet:...
Avec mon affiche, je vous parle de...

Expliquer l'affiche, les sous-titres (Einen Überblick über das Plakat geben, Untertitel)
Sur mon affiche, il y a deux (trois, quatre) parties:...
Je vous parle de... et de...
Sur mon affiche, vous voyez...

Expliquer une image ou un graphique (Ein Bild oder eine Grafik erklären)
Voici une photo de...
Sur ce dessin, il y a...
Sur ce graphique, vous voyez...
Cette carte montre...

Terminer la présentation (Die Präsentation beenden)
Est-ce que vous avez une question?
Je vous remercie de votre attention.

Parler d'une personne, de choses et d'autres

Worüber sprichst du auf deinem Plakat? Vielfach werden Menschen oder Sachverhalte vorgestellt. Du findest nachstehend zwei konkrete Beispiele zum Thema «Mon sport préféré».

Parler d'une personne (Über eine Person sprechen)
Voici mon athlète préférée. Elle s'appelle...
Elle joue au tennis.
Elle a 16 ans.
Elle est Suisse. Elle habite Lausanne.
Sa carrière commence en...
Elle a gagné...

Parler de choses et d'autres (Über Sachverhalte sprechen)
Pour jouer au tennis, il faut une raquette et une balle.
Une balle de tennis pèse entre 56 et 59.4 grammes.
Au milieu du court de tennis, il y a un filet.
Il y a un tournoi olympique pour les hommes et
pour les femmes, en simple et en double.

Sprechanlässe innerhalb und ausserhalb des Schulzimmers | **Situations en classe et au-delà**

10 Faire un exposé
Einen Vortrag halten

Du weisst, wie du einen Vortrag vorbereitest, hältst und abschliesst. Bei einem Vortrag in der Fremdsprache musst du zusätzlich beachten, dass du als «Spezialist» auf deinem Gebiet Wörter gebrauchst, die deinen Mitschülerinnen und Mitschülern vielleicht nicht bekannt sind. Überlege dir deshalb, wo du Bilder, Zeichnungen, Gegenstände oder ein Plakat verwenden kannst, um Unbekanntes anschaulich zu erklären. Manchmal ist eine Übersetzungshilfe an der Wandtafel nützlich.

Im Folgenden findest du einige sprachliche Hilfen zu einem Vortrag zum Thema «Mon hobby préféré».

Commencer la présentation (Mit der Präsentation beginnen)
Je vous présente mon loisir, la magie.
Je vais vous parler de mon magicien préféré, Luc Langevin.

Donner une vue d'ensemble (Einen Überblick über das Thema geben)
Dans mon exposé, je vais faire trois parties:
D'abord, je vais vous dire pourquoi j'aime mon hobby.
Après (puis, ensuite) je vous explique mon hobby en détail.
Pour finir, je vous montre un petit film.

Passer d'une partie à l'autre (Von einem Teil zum nächsten wechseln)
Je commence avec la première partie: je vous montre quelques tours de magie.
Dans la deuxième partie, je vais vous parler de…
Dans la dernière partie, je vous explique quelles qualités il faut avoir pour exercer ce hobby.

Expliquer une image ou un graphique (Ein Bild oder eine Grafik erklären)
Voici une photo du magicien Luc Langevin: il sort un lapin de son chapeau.
Sur cette affiche, j'ai noté les outils d'un magicien.
Là, vous voyez…

Mettre quelque chose en relief (Etwas Wichtiges hervorheben)
Regardez bien, à gauche de la photo vous voyez…
Ce que je trouve spécialement intéressant, c'est…
Il est important de savoir que…

Faire une démonstration (Etwas zeigen, vorführen)
Je vais vous montrer un petit film que j'ai trouvé sur YouTube.
Je vous explique un tour de magie: prenez la corde dans la main gauche…
Maintenant je vais faire une petite démonstration avec cette corde.

Donner l'occasion de poser des questions (Gelegenheit geben, Fragen zu stellen)
Avez-vous une question?
Est-ce que vous avez tout compris?
Est-ce que je peux vous donner d'autres explications?

Terminer la présentation (Den Vortrag abschliessen)
Pour finir, j'aimerais dire que la magie est vraiment formidable.
J'espère que mon exposé vous a plu.
Mon exposé est terminé. Je vous remercie de votre attention.

exercer qc	etwas ausüben
un outil	ein Werkzeug

11 Donner et recevoir un feedback
Eine Rückmeldung geben und entgegennehmen

Wenn du jemandem eine Rückmeldung geben möchtest (z. B. auf eine Präsentation oder einen Vortrag), benötigst du eine Auswahl von speziellen Ausdrücken. Einige sind einfacher (links), andere eher etwas schwieriger (rechts). Manchmal reagierst du auch auf ein Feedback von Mitschülerinnen oder Mitschülern.

Donner un feedback

C'est une bonne présentation.

Bravo!
C'est super!
Je trouve formidable.
Excellent!
J'ai tout compris.
C'est très clair.
Je trouve intéressant.
Tu ne lis pas ton texte.
Tu es calme.

Ton exposé était bien structuré.
Ton vocabulaire était varié.
Tu as parlé couramment.
Tu as donné des informations personnelles.
C'était bien illustré.
C'était un exposé très clair.
Le sujet était intéressant.
Tu as parlé librement.
Tu n'étais pas nerveux/euse.

Je n'ai pas tout compris.

Pour moi, c'est compliqué.
Il y a des mots difficiles.
Tu lis trop le texte.
Tu parles trop vite pour moi.
Tu es nerveux/euse.
Il y a peu d'images.
Pour moi, ce n'est pas clair.

Je trouve que c'était compliqué.
Le vocabulaire est difficile.
Tu n'as pas parlé librement.
Il faut parler plus fort.
Je pense que tu n'as pas donné assez d'informations.
À mon avis, il y avait trop de détails.
Je n'ai pas vu le fil rouge.

Recevoir un feedback

Merci pour ton feedback.

Je suis content/e, merci.
Merci pour ton feedback.
Je suis d'accord, mais je pense que…
À mon avis,…

Ton commentaire me fait plaisir.
Je suis ravi/e de ta réaction.
Je ne suis pas (tout à fait) d'accord avec toi. Je pense que…
Je voulais dire que…

parler couramment   fliessend sprechen

Sprechanlässe innerhalb und ausserhalb des Schulzimmers | Situations en classe et au-delà

12 Faire une interview
Ein Interview führen

Vous avez une minute pour une interview?

Um ein Interview zu führen, benötigst du vorbereitete Fragen (z. B. W-Fragen). Bevor du die Fragen stellst, begrüsst du deine Gesprächspartnerin, deinen Gesprächspartner, am Ende des Interviews bedankst und verabschiedest du dich.

Avant, pendant et après l'interview

Zu einem Interview gehören eine sorgfältige Planung und eine Auswertung.

Planung (avant): Ihr plant in der Gruppe die Durchführung des Interviews. Für die Vorbereitung der Fragen hilft euch das entsprechende Grammatikkapitel.

Durchführung (pendant): Eine höfliche Anfrage ist Voraussetzung, um eine Gesprächspartnerin oder einen Gesprächspartner zu gewinnen. Eine gute Gesprächsatmosphäre schafft ihr durch interessiertes Zuhören und spontanes Nachfragen.

Auswertung (après): Ihr besprecht gemeinsam die erhaltenen Antworten. Die Ergebnisse der Auswertung tauscht ihr mit anderen Gruppen aus oder ihr präsentiert sie der Klasse in Form eines Plakats oder eines Vortrags.

Zu den verschiedenen Schritten findet ihr nachstehend sprachliche Hilfen.

Grammatik
9B Der Fragesatz,
Seite 76

Sprechanlässe
9 Ein Plakat gestalten
und präsentieren,
Seite 111
10 Einen Vortrag halten,
Seite 113

Préparer l'interview en groupe (Das Interview in der Gruppe vorbereiten)
Avec qui allons-nous faire l'interview?
Où et quand pouvons-nous faire l'interview?
Quelles questions allons-nous poser?
Qui va commencer l'interview?
Qui va poser quelle question?
Comment pouvons-nous terminer l'interview?

Commencer l'interview (Das Interview beginnen)
Bonjour Monsieur, est-ce que nous pouvons
vous poser quelques questions?
Avez-vous quelques minutes?
Le thème de notre interview est...
Voici la première question.

Terminer l'interview (Das Interview abschliessen)
Merci Madame pour votre patience.
Merci pour ces réponses intéressantes.
Au revoir Monsieur et merci beaucoup. Bon après-midi.

Analyser l'interview (Das Interview auswerten)
Comparons les différentes réponses.
Qu'est-ce que le Monsieur a répondu à la question numéro deux?
Le Monsieur a dit:...
La dame pense que...

13 Écrire une histoire
Eine Geschichte schreiben

Vom Deutschunterricht her weisst du, worauf es ankommt, wenn du eine erlebte oder erfundene Geschichte verfassen willst: Du planst, schreibst und überarbeitest deinen Text. In diesem Kapitel findest du Hinweise, die dich beim Schreiben unterstützen: Wie beginnst du deine Geschichte, wie kannst du verschiedene Ideen oder Handlungen miteinander in Beziehung setzen, wie kannst du Spannung erzeugen, wie kannst du deine Geschichte abschliessen?

Techniken und Strategien
2E Schreibschlüssel, Seite 31

Les étapes d'une histoire

Gewöhnlich umfasst eine Geschichte (z. B. jene des Jugendbuchautors Bernard Friot) die folgenden Etappen: **Ausgangssituation, Abfolge von Ereignissen, Abschluss.**

Conjugaison

Le maître a écrit au tableau:
Exercice: conjuguer au présent de l'indicatif le verbe «exister».

Benoît lève le doigt. Timidement. Le maître ne voit rien. Il répond à Cécile qui demande un cahier.

Benoît tend la main, bien haut. Le maître cherche un cahier dans le tiroir de son bureau.

Benoît tend les deux mains et claque des doigts. Le maître se lève pour fouiller dans l'armoire. «Il m'a vu, se dit Benoît, je suis sûr qu'il m'a vu.» Le maître prend une pile de cahiers dans l'armoire.

Benoît se lève et sautille sur place en appelant: «M'sieur, m'sieur!» Le maître dépose les cahiers sur son bureau et demande à Sophie d'apporter les protège-cahiers. Évidemment, c'est sa préférée!

Benoît monte sur la table et agite les bras en gémissant. On dirait un bateau qui tangue, un jour de grand vent. Le maître écrit des noms à l'encre rouge sur les cahiers. Sans lever les yeux, il dit:
– Oui, Benoît, qu'est-ce qu'il y a?

Benoît ne répond pas.
Le maître soupire. Il regarde Benoît et dit:
– C'est bon, Benoît, je t'ai vu, tu peux te rasseoir.

Benoît s'assied et prend son stylo. Il regarde le tableau, réfléchit un instant et puis écrit:

Conjugaison
J'existe...

← Commencer une histoire

← Relier les idées ou les actions

← Augmenter le suspense

← Terminer une histoire

timidement	schüchtern
sautiller	hüpfen
le protège-cahier	die Schutzhülle
en gémissant	stöhnend
tanguer	schwanken
à l'encre (f)	mit Tinte

Sprechanlässe innerhalb und ausserhalb des Schulzimmers | **Situations en classe et au-delà**

Grammatik
16 Ich kann über Vergangenes berichten, Seite 94

Construire une histoire

Wenn du eine Geschichte erzählst, verwendest du oft Formen der Vergangenheit. Die folgenden Beispiele zu den einzelnen Etappen helfen dir, deine eigene Geschichte zu schreiben.

Commencer une histoire (Eine Geschichte beginnen)
Samedi passé (dernier), nous sommes allés en ville. Nous avons rencontré nos copains et …
Il y a deux ans, j'ai passé mes vacances au bord de la mer avec mes parents. Nous avons…
Pendant les vacances d'hiver, j'ai été…
Un (beau) jour, un agent de police a frappé à notre porte. Il a…
En 2013, il faisait très chaud tout l'hiver. Les gens étaient…
Il était une fois deux frères qui se ressemblaient comme deux gouttes d'eau.

Grammatik
4B Sätze mit Konjunktionen verknüpfen, Seite 56

Relier les idées ou les actions (Ideen oder Handlungen miteinander verknüpfen)
Quand il était jeune, il adorait faire du sport.
D'abord, le voleur est entré par la fenêtre, **ensuite (puis)** il a cherché les bijoux et **enfin (finalement),** il est reparti discrètement.
Elle a téléphoné à sa copine, **mais** personne n'a répondu.
Je suis allé à la gare **pour** prendre le train.
Nous avons passé nos vacances en Camargue **parce que** nous aimons les chevaux.

Augmenter le suspense (Die Spannung erhöhen)
- Zeige mit speziellen **Wendungen,** dass etwas Überraschendes kommt:
  Je suis descendu à la cave. **Tout à coup (soudain),** j'ai entendu un bruit.
- Verwende **Ausrufe:**
  Le train n'est pas encore parti. **Ouf,** on a eu de la chance!
- Stelle eine **Frage,** beantworte sie aber nicht sofort:
  Il s'est levé trop tard. **Est-ce qu'**il va encore arriver à l'école à l'heure?
- **Verzögere** die Handlung vor dem Höhepunkt:
  J'ai regardé à gauche, j'ai regardé à droite, puis j'ai traversé la route et je me suis caché derrière un arbre.
- Verwende die **direkte Rede** (nach Verben wie dire, demander, répondre, crier, chuchoter, expliquer, penser usw.):
  Ma mère m'a surpris et m'a demandé: «Pourquoi rentres-tu si tard?»
  Je lui ai répondu calmement: «J'ai raté le dernier bus.»
- **Wechsle die Zeit,** z. B. von der Vergangenheit in die Gegenwart:
  Elle a ouvert la porte. Elle a vu une ombre – est-ce un fantôme? Non, c'est le chat noir du voisin. Ouf! Elle est soulagée.

Terminer une histoire (Eine Geschichte abschliessen)
- **Pour finir,** il est rentré à la maison où il a retrouvé ses parents.
- L'histoire **se termine par** une grande fête de famille.
- Elle a **enfin** trouvé son chat sous le lit de son frère.
- Tout est bien qui **finit** bien.

il y a deux ans	*vor zwei Jahren*
se ressembler	*sich gleichen*
se terminer par	*zu Ende gehen*
Tout est bien qui finit bien.	*Ende gut, alles gut.*

14 Écrire des poèmes / Gedichte schreiben

Tous poètes? Wir sind oft Dichter, ohne dass wir es selbst merken: Wir formen einen melodischen Satz, verbinden Wörter zu einem Reim oder schreiben eine Textpassage mit einem besonderen Rhythmus. Dies kommt uns zugute, wenn wir Gedichte verfassen möchten.

Wie in anderen Sprachen gibt es im Französischen ganz unterschiedliche Formen von Gedichten. Die nachstehenden Beispiele können dir als Muster dienen.

Petits poèmes en prose

Ein **Elfchen** besteht aus insgesamt elf Wörtern.

- Erste Zeile: 1 Wort (z. B. eine Farbe)
- Zweite Zeile: 2 Wörter (z. B. ein passender Gegenstand)
- Dritte Zeile: 3 Wörter (z. B. passende Adjektive)
- Vierte Zeile: 4 Wörter (z. B. eine Aktivität)
- Fünfte Zeile: 1 Wort (z. B. ein Gefühl oder ein für dich wichtiges Wort)

> *Jaune*
> *Le soleil*
> *Rond et chaud*
> *Bronzer à la plage*
> *Plongeons!*

Das **Haiku** stammt ursprünglich aus Japan. Traditionellerweise enthält die erste Zeile 5 Silben, die zweite 7 Silben und die dritte wiederum 5 Silben.

Häufig wird wie im Beispiel eine vereinfachte Form gewählt:
- Erste Zeile: kurz
- Zweite Zeile: lang
- Dritte Zeile: kurz

> *Trois petites souris*
> *une blanche, une brune et une grise*
> *mangent un gros fromage.*

Poèmes avec des rimes

Oft sind Gedichte gereimt wie zum Beispiel dieser **Abzählvers** (la comptine).

> *Un, deux, trois,*
> *c'est à toi!*

Im **Gedicht** von Robert Vigneau finden wir zwei verschiedene Reime:
- Beim Kreuzreim (rime croisée) reimen sich die 1. und die 3. Zeile sowie die 2. und die 4. Zeile.
- Beim Paarreim (rime suivie) am Schluss des Gedichts reimen sich die beiden aufeinanderfolgenden Zeilen.

> **Semaine propre**
> *Monsieur Lundi sort ses souliers,*
> *Monsieur Mardi sort ses chaussettes,*
> *Mercredi se lave les pieds.*
> *Quand Jeudi tire sa casquette,*
> *Vendredi se lave la tête;*
> *Alors Samedi prend la douche*
> *Et Monsieur Dimanche se couche!*

Drôles de poèmes

Hier findest du eine Reihe weiterer Gedichtformen, die dir als Muster für eigene poèmes dienen können. Vielleicht möchtest du auch lieber eine eigene Form ausprobieren?

Comptine
Üsi Chatz het Jungi gha,
i-n-ere p'tite Zeine.
J'aurais sölle Götti sy,
je n'étais pas deheime

Acrostiche
Vit dans la terre
Isolée en hiver
Personne ne te touche
Et tu es venimeuse
Rapide, oui tu l'es
Et tu changes de peau

J'aimerais…
J'aimerais être un chat:
J'aimerais dormir au soleil
J'aimerais faire de beaux rêves
J'aimerais jouer avec une balle
J'aimerais grimper sur un arbre
J'aimerais attraper un oiseau
J'aimerais faire ce que je veux
J'aimerais être un chat

Abécédaire
À l'âge de dix ans
Bernard s'est acheté un
Camion
D'
Environ 38 tonnes pour
Faire un
Grand projet en
Hauteur.
Il a décidé de
Jeter la Tour Eiffel et de la remplacer par un
Koala de
Là-bas dans la
Montagne du
Nord.
On sait que les Koalas ne
Partent pas facilement de chez eux et
Qu'il faut y
Retourner souvent pour en
Saisir un et le
Transporter dans
Un camion, une
Voiture ou un
Wagon car il crie:
Xiin quand on l'attrape et
Y a pas de solution, il faut le laisser au
Zoo le plus proche.

L'onomatopée
Lolo, nono
Mama, topée!
C'est pas possible
À prononcer!

Glou-glou
Tic-tac
Do-do
Pé-pé
Tout ça
C'est de l'O
NOMATOPÉE
[…]
(Andrée Chedid)

saisir qc	etwas fangen, erwischen
une onomatopée	ein lautmalerisches Wort

L'école

Dans notre ville, il y a
Des tours, des maisons par milliers,
Du béton, des blocs, des quartiers.
Et puis mon cœur, mon cœur qui bat
Tout bas.

Dans mon quartier, il y a
Des boulevards, des avenues,
Des places, des ronds-points, des rues.
Tout bas.

Dans notre rue, il y a
Des autos, des gens qui s'affolent,
Un grand magasin, une école.
Et puis mon cœur, mon cœur qui bat
Tout bas.

Dans cette école, il y a
Des oiseaux chantant tout le jour
Dans les marronniers de la cour.
Mon cœur, mon cœur, mon cœur qui bat
Est là.
(Jacques Charpentreau)

Je suis

[…]
Je suis la page blanche
Qui rêve de noirceur
J'suis l'oiseau sur la branche
Qui rêve de profondeur
Je suis un court instant
Qui veut être infini
Et même le beau temps
Qui n'aime que la pluie

Je ne suis qu'une porte
Qui veut rester ouverte
Je suis la feuille morte
Qui pleure sa couleur verte
J'suis le verre à moitié vide
Ou bien à moitié plein
J'suis la salle qui se vide
En attendant le lendemain

Je suis la carte postale
Que l'on n'envoie jamais
Je suis le matin pâle
Qui ne rêve qu'à sa soirée
[…]
(Luciole, rappeuse)

Calligramme
À Paris sur un cheval gris
À Nevers sur un cheval vert
À Issoire sur un cheval noir
Ah! Qu'il est beau
qu'il est beau
Ah! Qu'il est beau
Qu'il est beau!
Tiou!
(Max Jacob)

---

le lendemain	der folgende Tag
Tiou	Der Dichter verwendet hier ein Fantasiewort

15 Tenir un journal de lecture
Ein Lesetagebuch führen

Ein **journal de lecture** ist ein persönliches Tagebuch, das dich beim Lesen eines Buches begleitet. Du kannst z. B. ein Kapitel des Buches zusammenfassen, eine dir wichtige Textstelle in eine Bildergeschichte umwandeln, aufschreiben, was du beim Lesen denkst und fühlst usw.

In der folgenden Zusammenstellung findest du sprachliche Hilfen, um deine ersten Eindrücke zum Buch zu formulieren, dich während des Lesens zum Text zu äussern, eine Person im Buch zu beschreiben und deine Meinung zum Buch wiederzugeben.

Avant la lecture: les premières impressions

Du hast die Titelseite, den Titel, die Illustrationen betrachtet, du hast die Zusammenfassung des Inhaltes auf der Rückseite des Buches gelesen: Welches sind deine ersten Eindrücke?
J'ai choisi ce livre parce que…
Je pense que c'est un livre d'aventures/un livre d'amour/un roman policier (un polar)…
J'ai l'impression que c'est une histoire intéressante/passionnante…
Je trouve que le livre est bizarre/ennuyeux…

Pendant la lecture

Du liest das Buch, du schreibst Texte in dein Lesejournal und machst vielleicht Zeichnungen: Du bist gleichzeitig Leserin, Schriftsteller und Zeichnerin. Dies kann zu interessanten Einträgen im journal de lecture führen.

Réflexions sur les personnages, la suite de l'histoire
(Gedanken über die Personen, die Fortsetzung der Geschichte)
Je suis d'accord avec le personnage principal parce qu'il…
Je ne comprends pas pourquoi il/elle…
Sa réaction est choquante/surprenante…
Je me demande s'il va trouver…/comment elle va faire pour chercher…
Je pense qu'il va écrire…/qu'elle va faire…

le personnage principal	*die Hauptperson*
surprenant/e	*überraschend*

Commentaires sur les passages-clés du livre (Gedanken über die Schlüsselstellen im Buch)
J'aime beaucoup/Je n'aime pas du tout la scène où le personnage principal fait...
Ce chapitre m'a beaucoup touché/e parce que...
Je trouve que la fin du livre est curieuse/drôle...

Portrait d'un personnage important (Beschreibung einer Person, z. B. Hauptperson)
Il/elle est sportif/ive, sympathique, gentil/le...
Je le/la trouve courageux/euse, intelligent/e, timide...
Il/elle aime... parce que...
Il/elle a peur de... parce que...

Après la lecture

Hat dir das Buch gefallen? Weshalb? Weshalb nicht?

Commentaire personnel (Persönliche Meinung)
Je trouve que l'histoire est triste/amusante/ennuyeuse...
Je trouve le livre intéressant parce que...
C'est une histoire passionnante/avec beaucoup de suspense.
L'auteur(e) raconte avec beaucoup d'humour.
Je trouve que l'auteur(e) écrit bien. J'aime son style.
L'auteur(e) décrit bien le conflit entre.../les émotions de...
Je recommande le livre à ceux/celles qui aiment...
Les dessins me plaisent/ne me plaisent pas parce que...

Problèmes de compréhension (Verständnisprobleme)
Le livre est assez/très difficile à comprendre parce que...
L'auteur(e) fait des phrases compliquées.
Dans ce livre, il y a beaucoup de mots difficiles.
Les illustrations aident/n'aident pas à comprendre le texte.

Pour aller plus loin

Ein Buch kann dich zu weiteren Aktivitäten anregen.

- Stelle das Buch einer anderen Person oder deiner Klasse vor.
  → Faire un exposé, Seite 113
- Bereite eine wichtige Stelle zum Vorlesen vor.
  → Prononciation, intonation et mélodie de la phrase, Seite 39
- Gestalte auf einem A3-Blatt ein «Lesebild» für die Klasse.
  → Créer et présenter une affiche, Seite 111
- Schreibe eine Zusammenfassung in dein journal de lecture.
- Gestalte einen Zeitstrahl zum Buch.
- Erstelle eine Mindmap.
  → Quelques techniques utiles, Seite 26
- Wandle eine dir wichtige Textstelle in eine Bildergeschichte um.
- Erfinde einen neuen Schluss.
  → Écrire une histoire, Seite 117
- Führe im Internet eine Recherche über den Autor/die Autorin durch.
- Schreibe dem Autor/der Autorin einen Brief/eine E-Mail.
  → Communiquer par écrit, Seite 127

timide	schüchtern
le suspense	die Spannung
une émotion	ein Gefühl
recommander qc	etwas empfehlen
plaire à qn	jemandem gefallen

16 La lecture réciproque / Wechselseitiges Lesen

Oft ist es einfacher, einen Text gemeinsam in einer Kleingruppe zu lesen, weil man sich gegenseitig helfen kann. Eine spezielle Lesemethode ist das wechselseitige Lesen.

Ein Text wird abschnittweise gelesen. Für jeden Abschnitt ist ein Gesprächsleiter zuständig. Wechselt euch in der Gruppe ab.

Die Lektüre erfolgt in vier Schritten:
1. Fragen stellen (poser des questions): Die Gesprächsleiterin lässt den Textabschnitt lesen. Dann entschlüsselt ihr den Text. Stellt einander Fragen und versucht, Antworten zu finden.
2. Zusammenfassen (résumer): Der Gesprächsleiter fasst den Textabschnitt kurz zusammen. Ihr bringt Änderungsvorschläge ein.
3. Klären (clarifier): Beim Zusammenfassen stellt ihr vielleicht fest, dass noch nicht alles verstanden worden ist und noch einiges geklärt werden muss.
4. Vorhersagen, erraten (deviner): In Gruppen überlegt ihr euch, wie der Text weitergehen könnte, und stellt möglichst viele Vermutungen an.

Mit folgenden sprachlichen Hilfen könnt ihr euch in eurer Rolle besser zurechtfinden. Die Lehrerin oder der Lehrer kann die Rollenkarten für euch kopieren (Kopiervorlage im Anhang, Seite 148).

Techniken und Strategien
2B Les clés magiques pour lire et comprendre, Seite 28

Pour le meneur de discussion

Poser des questions

Lisez le texte.

Qu'est-ce que vous avez déjà compris?

Qu'est-ce qui est difficile à comprendre?

Quels mots voulez-vous chercher dans le dictionnaire?

Résumer

Voilà, je résume le texte:
- Le texte parle de...
- Dans ce texte, on apprend que...
- Voici ce qui est important pour moi:...

Est-ce que j'ai oublié quelque chose?

Est-ce que vous proposez autre chose?

Clarifier

Est-ce que le texte est clair pour tout le monde?

Est-ce que vous avez tout compris?

Est-ce qu'il faut encore consulter le dictionnaire?

Deviner

Comment est-ce que le texte continue? Qu'est-ce que vous pensez?

Avez-vous une autre idée?

Comment est-ce que le texte se termine?

Pour les membres du groupe

Poser des questions

Qu'est-ce que le mot... veut dire en allemand?

Avez-vous compris la phrase...?

Que signifie...?

À ton avis, cela veut dire quoi?

Résumer

Je trouve que le résumé est parfait.

Je pense qu'on pourrait ajouter...

À mon avis, le texte parle aussi de...

Il faut dire aussi que...

Clarifier

Je n'ai pas encore compris la dernière phrase.

J'aimerais savoir ce que le mot... veut dire.

Deviner

Je pense qu'on va parler de...

D'après moi, le texte va raconter comment...

À mon avis, on va expliquer pourquoi...

17 Faire du théâtre
Szenisches Spiel

Für die Vorbereitung eines Rollenspiels, einer kurzen Szene oder eines kleinen Theaterstücks könnt ihr in der Gruppe einige der folgenden Fragen und Antworten als **Bausteine** verwenden.

Trouver le sujet (Das Thema bestimmen)
Quel est le sujet de notre pièce? – Je propose le sujet:...
Quel est le sujet de notre jeu de rôle? – Il s'agit de...
Qu'est-ce qui se passe dans la pièce? – Voilà mon idée:...
Quelle est l'histoire/l'action? – On pourrait jouer une scène en Suisse romande/
imaginer un crime...

Distribuer les rôles (Die Rollen verteilen)
Combien de rôles y a-t-il? – À mon avis, il y a cinq rôles/il y en a cinq.
Tu prends quel rôle? – Je suis le voleur.
Et toi? – Moi, c'est le gendarme.
Est-ce que tu ferais le réceptionniste? – D'accord, je joue ce rôle-là.
Es-tu d'accord de jouer le personnage principal? – Non, je préfère un petit rôle.

Préparer la mise en scène (Die Aufführung vorbereiten)
Est-ce qu'on se déguise? – Oui, on pourrait mettre...
Est-ce que nous avons besoin d'accessoires? – Oui, il nous faut un vieux téléphone et une machine à écrire.
Qui apporte les accessoires? – Je m'en occupe.
Est-ce qu'il nous faut de la musique? – Oui, ça crée une bonne ambiance.
Qui s'occupe des coulisses/du décor? – Demandons au prof de dessin de nous aider.

le personnage principal	die Hauptperson
se déguiser	sich verkleiden
les accessoires (m)	die Requisiten

18 Faire des jeux en classe
Im Unterricht Spiele spielen

Jouons le jeu

Je nach Spiel brauchst du einen speziellen Wortschatz.

Jeux de cartes

Bats les cartes.	Mische die Karten.
Distribue les cartes.	Teile die Karten aus.
Tire une carte de la pile.	Nimm eine Karte vom Stapel.
Tournez les cartes.	Deckt die Karten auf.
Ramassez les cartes.	Sammelt die Karten ein.
Posez les cartes face contre table.	Legt die Karten umgekehrt hin.

Jeux de dés

Jette le dé.	Würfle.
Avance le pion d'une case.	Rücke ein Feld vor.
Recule le pion de trois cases.	Rücke drei Felder zurück.
Retour à la case «départ».	Zurück auf «Start».
Attends/passe un tour.	Setz einmal aus.

Jeux des quatre familles

As-tu la carte…?	Hast du die Karte…?
Non, je ne l'ai pas.	Nein, ich habe sie nicht.
Pas de chance!	Pech gehabt!
Donne-moi la carte…	Gib mir die Karte…
La voilà.	Hier ist sie.
J'ai une famille.	Ich habe ein Quartett.

Devinettes

Qu'est-ce que je dessine/mime?	Was zeichne ich?/Was spiele ich vor?
Essayez de deviner.	Versucht zu erraten.
Est-ce que c'est un/une…?	Ist es ein/eine…?
Non, ce n'est pas ça.	Falsch geraten.
C'est peut-être un/une…?	Vielleicht ist es ein/eine…?
Ça y est, tu as trouvé.	Genau, du hast richtig geraten.

Qui a gagné?

Es gibt Ausdrücke und Redewendungen, die für alle Spiele gelten.

À qui le tour?
Qui commence?
C'est moi.
C'est mon tour.
Tu as combien de points?
J'ai dix points.
Moi, j'ai gagné.
Qui a gagné?
C'est toi.
Qui a perdu?

19 Communiquer par écrit / Sich schriftlich mitteilen

Je nachdem, ob du eine Postkarte aus den Ferien, einen förmlichen Brief oder eine Kurznachricht per SMS schreibst, solltest du bestimmte Darstellungsregeln und Ausdrucksformen beachten.

Écrire une carte postale ou une petite lettre personnelle

Eine Postkarte oder ein persönlicher Brief enthält mehrere **Bausteine.** Anrede und Grussformel haben ihren festen Platz, daneben kannst du den Text frei gestalten.

Je salue.
Je pose une question.
Je parle de moi/de nous.
Je dis au revoir.

Je salue / Anrede	Salut Julien, Cher Luc/Chère Véronique, Bonjour oncle Jules,
Je commence mon texte / Einstieg	Merci beaucoup pour ta lettre/ton mél (E-Mail). Je suis content/e de te lire. Je suis heureux/euse d'avoir de tes nouvelles. Tu parles des problèmes avec ton prof. Je te comprends bien.
Je parle de moi / Ich erzähle von mir	Moi, je passe mes vacances en France. J'aime bien discuter en français avec les jeunes. Mes parents me donnent beaucoup de liberté: ils me laissent sortir seul/e. À l'école, j'ai des problèmes avec ma prof d'anglais.
Je pose des questions / Ich stelle Fragen	Et toi, tu vas bien? Qu'est-ce que tu vas faire pendant les vacances? Tu penses qu'on peut se voir bientôt? À l'école, ça va bien?
Je dis au revoir / Grussformel	À bientôt! Je t'embrasse. Bisous/Grosses bises/Becs Salut/Ciao

Écrire un texto (un SMS)

Wie in anderen Sprachen werden auch in französischen Kurznachrichten **Abkürzungen** verwendet. Dabei werden Laute in bestimmte Buchstaben und Zahlen «übersetzt»: **cinéma** wird zu **6néma, acheter** wird zu **HT.** Kannst du erraten, was **a2m1** bedeutet?

Nachstehend findest du einige geläufige Abkürzungen. Du kannst auch deine eigene **langage SMS** entwickeln.

a2m1	à demain	aprè-mi10	après-midi
kskC	Qu'est-ce que c'est?	ojourd'8	aujourd'hui
A+	à plus tard	kfé	café
cb1	c'est bien	koncR	concert
ab1to	à bientôt	c cho	c'est chaud

Écrire une invitation

Eine Einladung zu einem bestimmten Ereignis kann kollegial oder förmlich sein. Du passt deine Einladung jeweils dem Empfänger an.

	Anrede	
Chers camarades romands,		Chers parents,
Nous vous invitons	**Wer?**	La classe 3A vous invite cordialement
à une super soirée barbecue.	**Was?**	à une soirée de parents.
Pourquoi? Nous voulons mieux faire connaissance, nous amuser, discuter, danser…	**Wozu?**	Nous aimerions vous montrer comment notre échange avec la classe romande s'est passé.
Quand? Mardi 13 juin à 17.30 heures.	**Wann?**	Nous nous rencontrons le jeudi 20 octobre à 19 heures
Où? Au bord de la forêt derrière l'école.	**Wo?**	à l'aula de notre école.
Attention: n'oubliez pas de vous inscrire rapidement.	**Wie?**	Pour organiser la soirée, nous vous demandons de nous retourner le bulletin d'inscription jusqu'au 10 octobre.
Venez nombreux! La classe 3A vous salue bien	**Gruss**	Nous nous réjouissons de vous accueillir! Avec nos meilleures salutations

s'inscrire	sich anmelden
le bulletin d'inscription	das Anmeldeformular
se réjouir de qc	sich über etwas freuen
accueillir qn	jemanden empfangen

Sprechanlässe innerhalb und ausserhalb des Schulzimmers | **Situations en classe et au-delà**

Écrire une lettre formelle

Für den Unterricht oder für eine Exkursion (z. B. course d'école, semaine verte) benötigst du Unterlagen, die du mit einem förmlichen Brief anforderst. Für die Anordnung der **Bausteine** orientierst du dich am Deutschlehrmittel.

Lieu et date Ort und Daum	Zurich, le 22 août 2017 Saint Gall, le 10/9/2018
Formule d'appel Anrede	Monsieur,/Madame, Cher Monsieur,/Chère Madame,
Motif Anlass, Grund	A l'école, nous parlons des cantons romands. Pour préparer un exposé sur le canton de Vaud, mon groupe a besoin de documents (textes, photos, prospectus, etc.). Est-ce que vous pouvez nous aider? Nous organisons une course d'école de deux jours dans votre région. Est-ce que vous pourriez nous donner des adresses pour passer la nuit du 14 au 15 septembre? Pour préparer notre semaine verte, il nous faut des <u>dépliants</u> de votre région.
Remerciements Dank	Nous vous remercions de votre aide. Grand merci d'avance.
Formule finale Grussformel	Avec mes/nos meilleures salutations Nous vous saluons bien cordialement

20 Au téléphone / Telefonieren

Um ein Telefongespräch vorzubereiten, ist es wichtig, dass du dir die Person vor Augen hältst, mit der du dich unterhalten wirst. Je nach Gesprächspartnerin und Gesprächspartner wirst du unterschiedliche sprachliche Mittel verwenden: Sprichst du zum Beispiel mit deinem Austauschpartner oder möchtest du eine Auskunft von der Mitarbeiterin eines Verkehrsbüros erhalten?

Commencer un entretien téléphonique

Überlege dir im Voraus, wie du das Gespräch beginnen wirst.

- Salut..., ça va?
- Écoute, je te téléphone parce que...
- Est-ce que tu peux me dire si...?
- Tu as une idée comment...?

- Bonjour Madame.
- Je vous appelle parce que...
- Je voudrais savoir si...
- Est-ce que vous pouvez m'aider?

Terminer un entretien téléphonique

Auch der Abschluss des Telefongesprächs hängt davon ab, mit wem du telefonierst.

- Super, c'est une excellente idée.
- Tu es génial/e, merci beaucoup.
- D'accord, c'est cool.
- Ciao, à bientôt.

- Parfait, je vous remercie Monsieur.
- Vous êtes très aimable.
- C'est très gentil, merci.
- Au revoir Monsieur.

<u>le dépliant</u>   der Faltprospekt

Französisch in der Schweiz und weltweit

Le français en Suisse et dans le monde

1 Französisch in der Schweiz und weltweit
Le français en Suisse et dans le monde

1A La situation en Suisse

En Suisse, nous parlons **quatre langues nationales:** l'allemand, le français, l'italien et le romanche. 65% de la population ont le suisse allemand ou l'allemand comme langue principale, 22.5% le français, 8.5% l'italien et 0.5% le romanche. Bien sûr, on parle aussi **d'autres langues** en famille, entre copains ou au travail, par exemple le portugais, l'albanais ou l'anglais. Environ 25% des élèves à l'école obligatoire parlent une autre langue à la maison qu'à l'école.

Voici la liste des cantons qui forment la Suisse romande: il y a d'abord les **cantons francophones** Genève, Vaud, Neuchâtel et Jura; il y a ensuite les **cantons bilingues** Berne, Fribourg et Valais où on parle le français et l'allemand.

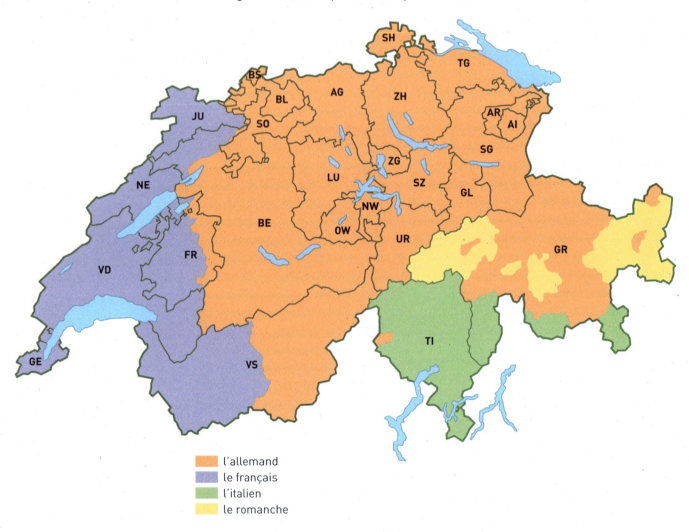

1B La situation dans le monde

Französisch ist geografisch gesehen neben Englisch und Spanisch eine der meistverbreiteten Sprachen der Welt. Du begegnest der französischen Sprache **rund um den Globus.**

Es gibt weltweit über 270 Millionen Menschen, die französischer Muttersprache sind oder Französisch so gut gelernt haben, dass sie sich in dieser Sprache verständigen können. Diese Menschen aus über 70 Ländern bezeichnet man als **francophones.** Die Gebiete, in denen Französisch gesprochen wird, nennt man **Francophonie.** Dadurch, dass du in der Schule Französisch lernst, bist auch du Teil der frankophonen Gemeinschaft.

Die Verbreitung des Französischen ist geschichtlich bedingt. Sie hängt stark mit der Kolonialzeit zusammen, die zu Beginn des 16. Jahrhunderts begonnen und bis zum Ende des Zweiten Weltkrieges gedauert hat. Länder wie Frankreich und Belgien eroberten zum Beispiel im Laufe der Zeit grosse Teile Afrikas und führten dabei die französische Sprache als Mittel der Verständigung ein. In den meisten ehemaligen französischen und belgischen Kolonien ist Französisch bis heute eine offizielle Landessprache.

In den Chansons auf der Lernplattform wird die Zugehörigkeit zur Francophonie besungen: Das Chanson «Francophonie» ist anspruchsvoller, das Chanson «Ensemble!» ist etwas einfacher.

1C Les français parlés dans le monde

In den nachfolgenden Texten findest du Hintergrundinformationen zur französischen Sprache und zu ausgewählten frankophonen Ländern rund um den Erdball. Du wirst unter anderem erfahren, dass sich die französische Sprache je nach Gegend unterschiedlich entwickelt hat, insbesondere durch den Kontakt mit anderen Sprachen. So gibt es heute innerhalb des Französischen eine grosse **Vielfalt** an regionalen Ausprägungen. Diese betreffen insbesondere die Aussprache, den Wortschatz und spezielle Wendungen, die für die verschiedenen Gegenden der Frankophonie typisch sind und den **Reichtum** der französischen Sprache widerspiegeln.

Keine dieser regionalen Ausprägungen ist den anderen überlegen, ebenso wenig wie dies in der deutschen oder englischen Sprache der Fall ist: Deutsch in Deutschland, Österreich oder der Schweiz; Englisch in England, Amerika oder Indien.

Auf der Lernplattform lernst du Kinder und Jugendliche aus verschiedenen Gegenden der **Francophonie** kennen, die in der Regel neben Französisch weitere Sprachen sprechen (Le français dans le monde / Ils parlent français à l'autre bout du monde).

Le français en Suisse et dans le monde

Le français
on le parle pa[rtout]

Si tu fais un petit tour du monde, tu vois que le français est parlé sur presque tous les continents

Ce ne sont pas seulement les Français qui parlent le français. Il y a aussi les Belges, les Québécois et beaucoup d'autres peuples. Les francophones sont plus de 270 millions qui habitent dans plus de 75 pays. La raison est historique: dans le passé, la France a colonisé de nombreux pays; elle leur a dicté sa culture et sa langue. Ces territoires ne sont plus français (sauf les territoires «d'outre-mer», comme par

Europe

- Lettonie 0,9 %
- Lituanie 2 %
- Pologne 1 %
- Ukraine 0,6 %
- Slovaquie 1 %
- Rép. tchèque 1,5 %
- Moldavie 25 %
- Roumanie 9 %
- Luxembourg 72 %
- Hongrie 0,4 %
- Bulgarie 4 %
- Autriche 5 %
- Macédoine 7 %
- Slovénie 2 %
- Croatie 0,6 %
- Grèce 4 %
- Vallée d'Aoste (I) 71 %
- Albanie 10 %
- Monaco 78 %
- Andorre 40 %

Belgique
Langue officielle avec le néerlandais et l'allemand. **10 698 000 habitants**, dont **64 %** de francophones.

France
Langue officielle. **52 637 000 habitants**, presque **100 %** de francophones.

Suisse
Langue officielle avec l'allemand et l'italien. **7 597 000 habitants**, dont **50 %** de francophones.

- 🟥 Plus de 50 % de francophones
- 🟧 Entre 20 et 50 % de francophones
- 🟨 Entre 5 et 20 % de francophones
- ⬜ Moins de 5 % de francophones

Chiffres de l'Organisation internationale de la Francophonie (OIF)

Französisch in der Schweiz und weltweit | Le français en Suisse et dans le monde

> Ça plèque aux doigts, cette confiture!*
>
> Je suis bleue de lui!**

Belgique
Moitié – moitié

La moitié nord du pays parle néerlandais (la langue des Pays-Bas) et la moitié sud avec la capitale, Bruxelles, parle français. La Belgique a fait partie de la France pendant la Révolution française et sous Napoléon 1er. Mais on y parle français depuis beaucoup plus longtemps. Le français de Belgique est presque identique à celui de France ou de Suisse, sauf quelques expressions locales qui existent aussi dans le nord de la France. L'allemand est aussi langue officielle, mais on ne le parle que dans quelques communes.

* Le mot néerlandais «plekken» veut dire «coller».

** Je suis amoureuse de lui!

> Je vais encore passer tout le week-end à poutzer!*

Suisse
1 pour 4, tous pour 1

En Suisse, on parle l'allemand, le français, l'italien et le romanche. La plus grande partie de la population suisse parle l'allemand, mais les régions près de la France sont francophones. Il faut dire que ce pays-carrefour a été influencé par tous ses voisins: l'Allemagne, l'Autriche, la France et l'Italie. Aujourd'hui, la liberté de parler la langue de son choix est garantie par la loi qui protège les langues minoritaires.

* Le mot «poutzer» vient du Schwyzertütsch.

** Quelle bonne surprise! L'équipe nationale joue bien.

> Je suis déçu en bien par la Nati.**

Mais aussi La Vallée d'Aoste (Italie)

Cette partie autonome dans le nord de l'Italie a longtemps fait partie des États de Savoie où on parlait le français. Elle a même adopté le français comme langue officielle trois ans avant la France. Aujourd'hui, la Vallée d'Aoste est bilingue. Les panneaux routiers sont en italien et en français.

exemple la Guadeloupe ou la Réunion), mais on y parle toujours le français. Le nombre de francophones dans le monde pourrait «exploser» jusqu'en 2050 et passer de 270 millions à plus de 710 millions de personnes. C'est surtout la population francophone des pays africains qui augmente rapidement.

les territoires d'outre-mer	die Überseegebiete	le carrefour	die Kreuzung
		la loi	das Gesetz
la population	die Bevölkerung	protéger qc	etwas schützen
augmenter	zunehmen	être déçu/e	enttäuscht sein
la commune	die Gemeinde	les États (m)	die Staaten

Französisch in der Schweiz und weltweit | Le français en Suisse et dans le monde

Québec
Un trésor à défendre

Blablablabla.

Tu parles à travers ton chapeau.*

On oublie souvent qu'une partie de l'Amérique a été française. Au 17ème siècle, les Français ont fait de Québec la capitale d'une colonie, la «Nouvelle-France». Des milliers de Français s'y sont installés: ce sont les ancêtres des Québécois actuels. Puis, les Français, repoussés par les Britanniques, ont quitté l'Amérique. Mais les Québécois parlent toujours français, avec un accent typique. Au milieu d'une Amérique du Nord qui parle surtout anglais, la langue française est considérée comme un trésor à défendre, et même à protéger de l'influence anglaise: au Québec, on ne fait pas de «shopping», on «magasine». Mais l'influence de l'anglais se fait quand même sentir: pour un téléphone portable, on dit «cell».

Je fais du pouce**, c'est moins cher.

* Tu ne sais pas de quoi tu parles. C'est une expression d'origine anglaise: «to talk through one's hat.»
** faire de l'autostop

Nouvelle-Calédonie
Le français plus 28 langues locales

À 17'000 kilomètres de Paris, au milieu du Pacifique, la Nouvelle-Calédonie est un ensemble d'îles françaises. On y parle un français avec un accent marqué et un vocabulaire typique. À côté du français, langue officielle, il existe 28 langues locales.

Ces îles lointaines qui étaient habitées par le peuple *kanak* ont attiré des colons, des Français et d'autres Européens. Au 19ème siècle, la France y a installé un bagne pour déporter des prisonniers. Le peuple *kanak* s'est longtemps battu contre la France pour défendre ses terres. Aujourd'hui, une partie de la population continue de réclamer l'indépendance.

Il a un cocotier dans la main.*

* Il est paresseux (faul).

Mais aussi
La France d'outre-mer

Dans le monde entier, on trouve de petits territoires qui font partie de la France. On y parle français, à côté d'autres langues. C'est le cas de nombreuses îles, comme la Guadeloupe et la Martinique dans l'océan Atlantique ou encore la Réunion et Mayotte dans l'océan Indien.

un ancêtre	ein Vorfahre
considérer qc comme	etwas betrachten als
le trésor	der Schatz
le bagne	die Strafkolonie

Louisiane

Un combat difficile

Des francophones aux États-Unis? Au sud du pays, la Louisiane résiste, encore et toujours, à l'anglais. C'est un des rares endroits du pays où on parle français dans certaines maisons. La Louisiane porte son nom en l'honneur du roi Louis XIV. Elle a d'abord été conquise par la France, puis laissée aux Anglais, enfin, elle est devenue un État américain.

Les francophones de Louisiane ne sont plus très nombreux, et ce sont surtout des personnes âgées. Mais des associations se battent pour protéger la langue française: les panneaux routiers et les noms de rues sont bilingues et le français est souvent enseigné à l'école.

Lâche pas la patate*. C'est le dernier tour!

* N'abandonne pas! (Gib nicht auf!)

en l'honneur de qn	zu Ehren von jemandem
conquérir qc	etwas erobern
une association	eine Vereinigung

Amérique

Canada 30%

Saint-Pierre-et-Miquelon (F) 100%

Québec
Province canadienne.
Langue officielle (langue maternelle de la majorité de la population).
7 546 000 habitants, dont **93%** de francophones.

Louisiane
État américain.
Langue non-officielle (il n'y a pas de langue officielle dans l'État).
4 500 000 habitants, dont environ **4,5%** de francophones.
Aux États-Unis, on dénombre environ 2,1 millions de personnes qui parlent le français à la maison. Et 11 millions de personnes se déclarent éthniquement reliées à la France.

Haïti 12%

Dominique (F) 2%
Sainte-Lucie (F) 2%
Guadeloupe (F) 81%
Martinique (F) 81%

Guyane française 79%

Nouvelle-Calédonie
Langue officielle.
254 000 habitants, dont **80%** de francophones.

Vanuatu (F) 45%
Wallis-et-Futuna (F) 100%
Polynésie française 80%

- Plus de 50% de francophones
- Entre 20 et 50% de francophones
- Entre 5 et 20% de francophones
- Moins de 5% de francophones

Algérie

L'arabe et le français

Jusqu'aux années 1960, l'Algérie était un territoire français. Des milliers de Français y vivaient à côté de la population locale. Mais les Algériens se sont révoltés et ont obtenu leur indépendance en 1962. Les Français ont quitté le pays, et l'arabe a pris la place du français dans les écoles et les documents officiels. Malgré tout, l'Algérie reste l'un des plus grands pays francophones du monde. Pour les Algériens, la langue française est très importante pour voyager, faire des affaires, réussir leur vie professionnelle. Le français parlé en Algérie est souvent mélangé à des mots arabes. En même temps, de nombreux mots ou expressions algériens sont entrés dans le vocabulaire des jeunes Français, par exemple «bled» pour «village» ou «c'est kifkif» pour «c'est la même chose».

J'appelle un taxieur pour aller chercher la smala à l'aéroport.*

* J'appelle un chauffeur de taxi pour aller chercher la famille à l'aéroport.

République démocratique du Congo

Le français, lien entre les populations

La République démocratique du Congo (RDC) est le pays francophone le plus peuplé du monde. Dans ce grand pays, le français reste langue officielle, parlée par près de la moitié de la population. Le français a été introduit en RDC par les Belges qui ont colonisé le pays. Comme dans beaucoup de régions d'Afrique, le français permet de communiquer aux populations qui parlent des langues différentes. En RDC, où il existe plus de 200 langues, le français est la langue enseignée à l'école et la langue utilisée dans les documents officiels.

Si tu casses ton bic, tu as intérêt à vestonner.*

Mais aussi Madagascar

Madagascar est tellement grande qu'on l'appelle parfois «l'île-continent». Colonisée par la France à la fin du 19ème siècle, elle a retrouvé son indépendance en 1960. Le français reste aujourd'hui l'une des langues officielles (avec la langue nationale, le malgache). Mais on le parle de moins en moins: les jeunes préfèrent apprendre l'anglais.

* Si tu arrêtes tes études, tu as intérêt à trouver du travail.
Le «bic» est une marque de stylo française.
«Vestonner»: gagner de l'argent pour acheter des vêtements.

Le français en Suisse et dans le monde

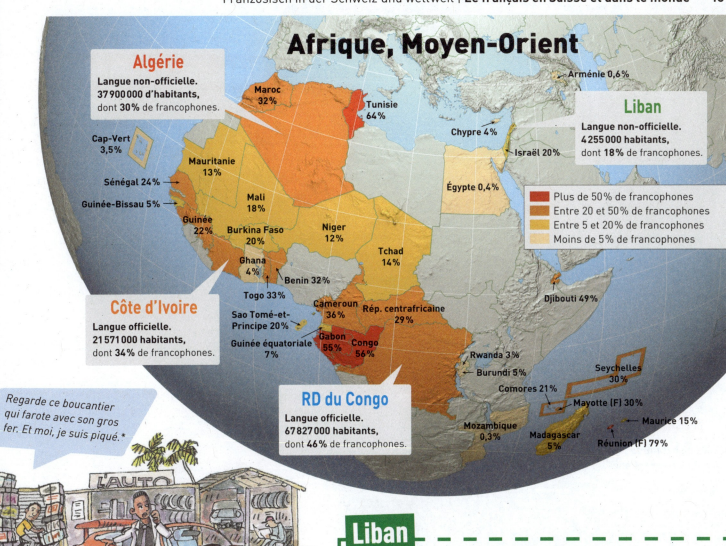

Afrique, Moyen-Orient

Algérie — Langue non-officielle. 37 900 000 d'habitants, dont **30%** de francophones.

Liban — Langue non-officielle. 4 255 000 habitants, dont **18%** de francophones.

Côte d'Ivoire — Langue officielle. 21 571 000 habitants, dont **34%** de francophones.

RD du Congo — Langue officielle. 67 827 000 habitants, dont **46%** de francophones.

Maroc 32%, Tunisie 64%, Arménie 0,6%, Cap-Vert 3,5%, Chypre 4%, Israël 20%, Mauritanie 13%, Sénégal 24%, Guinée-Bissau 5%, Mali 18%, Égypte 0,4%, Guinée 22%, Burkina Faso 20%, Niger 12%, Tchad 14%, Ghana 4%, Bénin 32%, Togo 33%, Cameroun 36%, Rép. centrafricaine 29%, Sao Tomé-et-Principe 20%, Djibouti 49%, Guinée équatoriale 7%, Gabon 55%, Congo 56%, Rwanda 3%, Burundi 5%, Seychelles 30%, Comores 21%, Mayotte (F) 30%, Mozambique 0,3%, Maurice 15%, Madagascar 5%, Réunion (F) 79%

- Plus de 50% de francophones
- Entre 20 et 50% de francophones
- Entre 5 et 20% de francophones
- Moins de 5% de francophones

Regarde ce boucantier qui farote avec son gros fer. Et moi, je suis piqué.*

Côte d'Ivoire

Le nouchi

Au 19ème siècle, la France a colonisé le nord et l'ouest de l'Afrique, tandis que la Grande-Bretagne s'appropriait l'est et le sud du continent. Plus d'un siècle après, les peuples de la région ont reconquis leur indépendance. Mais le français et l'anglais restent deux langues très parlées en Afrique. La Côte d'Ivoire fait partie des pays d'Afrique de l'Ouest où le français est langue officielle. De nombreux habitants d'Abidjan, la plus grande ville du pays, parlent français. Ils ont même créé leur propre version du français, appelé «nouchi». Le nouchi était d'abord la langue des jeunes. Mais il s'est répandu, un peu comme l'argot des banlieues françaises.

* Regarde ce bluffeur qui frime (gross angeben) avec sa grosse voiture. Et moi, je n'ai plus d'argent.

Liban

Franbanais et libanismes

Le Liban a toujours été très ouvert sur le monde: pendant longtemps, des commerçants de nombreux pays y faisaient des affaires dans toutes les langues. Au début du 20ème siècle, le Liban a été placé sous le contrôle de la France, avant de devenir indépendant. C'est pourquoi le français est aujourd'hui la langue étrangère la plus parlée, devant l'anglais. Le français du Liban connaît deux phénomènes caractéristiques: le franbanais et les libanismes. Le franbanais mélange le français et le libanais (l'arabe): «Merci ktir» veut dire «Merci beaucoup». Les libanismes sont des expressions françaises qui prennent un autre sens: «Quel est ton petit nom?» veut dire «Quel est ton prénom?»

Je passe les vacances dans le chalet de mes parents. On se baigne un jour oui, un jour non.*

* Je passe les vacances dans l'appartement de mes parents au bord de la mer. On se baigne un jour sur deux.

s'approprier qc	sich etwas aneignen
reconquérir qc	etwas zurückgewinnen
se répandre	sich ausbreiten
l'argot (m) (des banlieues)	der Slang (aus den Vorstädten)
le commerçant	der Händler, der Geschäftsmann
faire des affaires	Geschäfte machen

Asie

Vietnam
89 029 000 habitants, dont **0,7 %** de la francophones.

Laos
6 436 000 habitants, dont **3 %** de francophones.

Thaïlande
0,8 %

Cambodge
15 053 000 habitants, dont **3 %** de francophones.

Pondichéry
220 000 habitants, dont **4,5 %** de francophones.

Moins de 5 % de francophones

Viêtnam, Cambodge, Laos

L'ancienne Indochine française

Comme beaucoup de pays africains, ces trois pays asiatiques étaient longtemps dominés par la France. Ils formaient alors l'Indochine française. En 1954, ils ont retrouvé leur liberté après une guerre très dure. Mais la langue française est restée longtemps après le départ des colons. Aujourd'hui, elle est en train de disparaître. Seules les personnes les plus âgées parlent encore le français qui est devenu une langue étrangère comme les autres.

Pondichéry

Le français en Inde

Que vient faire la langue française en Inde? Dans ce pays gigantesque, peuplé par plus d'un milliard d'habitants, une vingtaine de langues sont reconnues officiellement. L'anglais en fait partie, car l'Inde a longtemps été une colonie britannique. Mais dans le petit territoire de Pondichéry, au sud-est de l'Inde, il reste encore des traces de l'occupation française qui a duré du 17ème au milieu du 20ème siècle. À Pondichéry, le français est toujours une langue officielle. Mais les francophones sont devenus très rares.

En France aussi, on parle beaucoup de langues

Le français est parlé partout dans le monde. En même temps, on parle aussi beaucoup de langues différentes en France. Ce sont les langues régionales comme le basque, le breton ou l'alsacien. Et n'oublions pas les langues des Français venus d'un autre pays: arabe, portugais, espagnol, turc... Cette diversité est à la fois une grande richesse et un grand défi pour la France.

ancien/ne	ehemalig
disparaître	verschwinden
la trace	die Spur
le défi	die Herausforderung

2 Kulturelle Vielfalt
Richesse et diversité culturelle

Neben der sprachlichen trägt auch die **kulturelle Vielfalt** zum **Reichtum** der Francophonie bei. Diese widerspiegelt sich in ganz unterschiedlichen Bereichen wie etwa dem **Brauchtum,** der **Literatur,** der **Geschichte,** der **Kochkunst** oder der **Musik.**

Auf der Lernplattform findest du ausgewählte Beispiele zu den verschiedenen Bereichen. Diese stammen aus unterschiedlichen Gegenden der Francophonie. Die Beispiele sind geeignet für die Oberstufe sowie teilweise für das erweiterte Niveau der Primarstufe (z. B. zweisprachige Lernende). Einfachere Beispiele sind orange gekennzeichnet, anspruchsvollere rot.

Möchtest du wissen, wie in Québec der Nationalfeiertag begangen wird, warum in Louisiana französische Country-Musik gespielt wird, wie junge Menschen den Algerienkrieg erlebt haben? Wähle einen der vier Kontinente und anschliessend eine Gegend, ein Land oder ein Thema.

Im Anhang findest du eine Übersicht mit Stichwörtern als Orientierungshilfe.

Stichwortregister
Glossaire

Stichwortregister

A
Abneigungen 105
accents 42
accord du participe passé 96
adjectifs 58, 59, 60, 63, 64, 67
adjectifs composés 38
adjectifs démonstratifs 60
adjectifs possessifs 51
Adjektive 58, 59, 60, 63, 64, 67
adverbes 65, 68
Adverbien 65, 68
aimer 105
aimer/ne pas aimer 105
Akkusativobjekt 53
aller 80, 91
aller à 84
Alphabet 40
Anweisungen 81
Anweisungen geben 79
Apprendre avec tous les sens 21
apprendre le vocabulaire 21
apprendre par cœur 24
Arbeitstechniken 26
article partitif 72
articles 59
articles indéfinis 73
Auslassungen 45
Aussagesatz 44, 52, 53
Aussprache 40
auswendiglernen 24
avoir 91

B
Befehlsform 55, 79, 80
Befehlssatz 44
Begleiter 51, 59, 77
begrüssen 103
Berufe 36
Berufsbezeichnungen 36
beschreiben 58, 66, 83
besitzanzeigende Pronomen 51, 52
Betonung 43
Betonungsfrage 76
Bindungen 45
Brainstorming 26
Brief 127, 129
Briefe schreiben 127, 129
Brücken 17, 19
Brücken bauen 17, 19

C
cantons 84
carte postale 127
clés magiques 27
Cluster 26
communication en classe 100
comparaison 66, 67, 68, 69
conditionnel 82
conjonctions 56
conjugaison 90
construire des ponts 17
continents 84

D
Daten 87
Dativobjekt 54
Dauer 88
décrire 58, 66, 83
Demonstrativpronomen 60, 68
devoir 91
direktes Objekt 53
discussion 30
diversité 133, 141, 150
donner son avis 108
donner un feedback 114

E
écrire des poèmes 119
écrire des textes 31, 127
écrire une carte postale 127
écrire une histoire 117
écrire une invitation 128
écrire une lettre formelle 129
écrire une lettre personnelle 127
écrire un texto 128
Einführung 10
Einführung für die Eltern 12
Einladung schreiben 128
Einstellung zum Lernen 15
élision 45
en 55, 84
Endung 89
Entscheidungsfrage 76
Entschuldigung 107
Erdteile 84
Ergänzungsfrage 76
est-ce que 76
être 80, 91
être en train de 90
excuses 107
expressions de quantité 73

F
faire 91
faire des jeux 126
faire des propositions 108
faire du théâtre 125
faire une interview 115
faire un exposé 113
falsche Freunde 18
familles de langues 18
familles de mots 34
Farbcode Grammatik 48
faute 14
faux amis 18
Fehler 14
formation des mots 33
förmlicher Brief 129
Fragen stellen 75
Fragepronomen 77
Fragesatz 44, 76
Fragewort 76
francophone 132
Francophonie 133
französischsprachig 132
futur 92, 93
futur composé 92
futur simple 92

G
Gedichte schreiben 119
Gefühle 106
Gegenwart 89
Genre 59
germanische Sprachen 19
gérondif 57
Geschichten schreiben 117
Geschlecht 59, 61, 62
Gesprächsschlüssel 30
Grundzahlen 70, 87
Gruppenarbeit 109

H
Halbvokale 42
h consonne 46
heure 85
Hobbys 103
Hörschlüssel 27
h voyelle 46

I
imparfait 97, 98
impératif 55, 79, 80
impératif négatif 55, 80
Imperativ 55, 79, 80
indicateurs de temps 88, 105
indirekte Objekte 54
indirekte Rede 56
indirekter Fragesatz 78
indoeuropäische Sprachen 18, 19
Infinitiv 82
internationales phonetisches Alphabet 41
Interview 75

Interview führen 115
intonation 43
J
Jahreszeiten 86
journal de bord 14
journal de lecture 122
journée 86
jours de la semaine 86
K
Kantone 84
Komparativ 66
Konjugation 89
Konjunktionen 56
Konjunktiv 82
Kultur 19, 150
L
Länder 84
Laute 40
lecture 28, 122, 124
lecture réciproque 124
Lehnwörter 20
Lektüre 28, 122, 124
Lerngelegenheiten 16
Lernpartnerschaften 16
Lernstil 21
Leseschlüssel 28
Lesetagebuch 122
lettre personnelle 127
liaisons 45
Logbuch 14
loisirs 103
M
markieren 26
Medien 16
Meinung ausdrücken 108
mélodie de la phrase 44
Mengenangaben 70, 72, 73
métiers 36
Mindmap 26
mit allen Sinnen lernen 21
Modalverben 82, 91
mode 82
mois 86, 87
Monate 86
Morpheme 34
Motivation 15
motiver 15
mots composés 37
Mut 15
N
Nachmorpheme 34
Nachsilben 34

Nasale 41
négation 74, 75
ne pas aimer 105
nombres cardinaux 70
nombres ordinaux 71
Nomen 59, 61
noms 59, 61
noms composés 38
Notizen machen 26
O
Objekt 52
objets directs 53
objets indirects 54
ordnen 23
Ordnungszahlen 71, 87
ordre des pronoms 55
ordres 81
ordres en classe 79
Ortsangaben 83, 84
P
Parallelwörter 17, 19
parce que 104
pardon 107
Partnerarbeit 109
passé composé 94, 96, 98
passé récent 96
pays 84
Perfekt 94, 96
Personalpronomen 49, 50, 90
phrase affirmative 52, 53
phrase interrogative 76
phrase négative 74
Plakat gestalten 111
Plusquamperfekt 98
plus-que-parfait 98
poèmes en prose 119
Postkarten schreiben 127
pouvoir 91
Präsens 89, 90
Präteritum 97
préfixes 34, 35
prendre congé 103
prendre des notes 26
présent 89, 90
présentation 29
présenter 49, 50, 103
présenter une affiche 111, 112
pronoms démonstratifs 68
pronoms interrogatifs 77
pronoms personnels 49, 50
pronoms possessifs 52
pronoms relatifs 57

prononciation 40
Q
quel, quelle 77
qu'est-ce que 77
qu'est-ce qui 77
question avec l'intonation 76
question avec l'inversion 77
question indirecte 78
R
Ratschläge geben 79, 82
Reichtum 133, 141
Reime 119
Relativpronomen 57
Relativsätze 57
remue-méninges 26
Rendez-vous vereinbaren 85
réseau de mots 26
richesse 133, 141
rimes 119
romanische Sprachen 19
rückbezügliche Verben 80, 90, 96
Rückmeldungen geben 114
S
saisons 86, 87
saluer 103
Satzbau 17
Satzmelodie 44
savoir 91
Schreibschlüssel 31
Schulalltag 100
Schulzimmer 100
sentiments 106
s'excuser 107
sich entschuldigen 107
Sinne 21
slawische Sprachen 19
SMS schreiben 128
s'orienter 84
Spiele spielen 9, 126
Sprachenlernen 14
sprachenübergreifend lernen 17
Sprachfamilien 18
Sprachvergleich 35
Sprechanlässe 15
Sprechschlüssel 29
Städte 84
Stamm 89, 90, 91
Steigerung 66, 67, 68
Stellvertreter 77
stimmlose und stimmhafte Laute 41
Strategien 14, 27
stratégies 14, 27

structurer un texte 88
Subjekt 52
subjonctif 81
suffixes 34, 36
Superlativ 66
surligner 26
szenisches Spiel 125

T
Tageszeiten 86
Techniken 26
techniques utiles 26
Teilungsartikel 72
telefonieren 129
téléphoner 129
terminaison 89
Texte strukturieren 88
Theater 125
thème 89, 90, 91, 93
tout 73
travailler avec un partenaire 109
travailler en groupe 109

U
Uhrzeit 85
Umkehrfrage 76, 77
unbestimmte Pronomen 73
unmittelbare Vergangenheit 96
unregelmässige Verben 91
Unterrichtssituationen 102

V
venir de 84
verabschieden 103
Veränderlichkeit des Partizips 95, 96
verbes de la gare 95
verbes de mode 82, 91
verbes irréguliers 91
verbes pronominaux 80, 90, 96
Verbstamm 90, 91
Vergangenheit 94
vergleichen 66, 67, 68, 69
verknüpfen 56, 57, 58, 118
Verknüpfungswörter 56
verneinte Befehlsform 55, 80
verneinter Satz 74
Verneinung 74, 75
vernetzen 23
Vielfalt 133, 141, 150
villes 84
virelangues 41
vocabulaire 21
vocabulaire de classe 100
vor 88
Vorlieben 105

Vormorpheme 34
Vorschläge machen 82, 108
Vorsilben 34, 35
vorstellen 49, 50, 103
Vortrag halten 113
vouloir 91

W
wechselseitiges Lesen 124, 148
W-Fragen 76
Wochentage 86
Wortbildung 17
Wörter lernen 21, 22
Wortfamilien 34
Wortnetz 26
Wortstamm 34

Y
y 55, 84

Z
Zahlen 87
Zeitangaben 85, 88, 105
Zeitpunkt 88
Zukunft 92
zusammengesetzte Adjektive 38
zusammengesetzte Nomen 38
zusammengesetzte Wörter 37

Anhang
Annexes

1 Wechselseitiges Lesen: Rollenkarten

1A Pour le meneur de discussion

Poser des questions

Lisez le texte.

Qu'est-ce que vous avez déjà compris?

Qu'est-ce qui est difficile à comprendre?

Quels mots voulez-vous chercher dans le dictionnaire?

Résumer

Voilà, je résume le texte:
- *Le texte parle de…*
- *Dans ce texte, on apprend que…*
- *Voici ce qui est important pour moi:…*

Est-ce que j'ai oublié quelque chose?

Est-ce que vous proposez autre chose?

Clarifier

Est-ce que le texte est clair pour tout le monde?

Est-ce que vous avez tout compris?

Est-ce qu'il faut encore consulter le dictionnaire?

Deviner

Comment est-ce que le texte continue? Qu'est-ce que vous pensez?

Avez-vous une autre idée?

Comment est-ce que le texte se termine?

1B Pour les membres du groupe

Poser des questions

Qu'est-ce que le mot… veut dire en allemand?

Avez-vous compris la phrase…?

Que signifie…?

À ton avis, cela veut dire quoi?

Résumer

Je trouve que le résumé est parfait.

Je pense qu'on pourrait ajouter…

À mon avis, le texte parle aussi de…

Il faut dire aussi que…

Clarifier

Je n'ai pas encore compris la dernière phrase.

J'aimerais savoir ce que le mot… veut dire.

Deviner

Je pense qu'on va parler de…

D'après moi, le texte va raconter comment…

À mon avis, on va expliquer pourquoi…

2 Kulturelle Vielfalt: Übersicht über die Texte auf der Lernplattform

Continents / Pays	Titres
L'Europe	
La Suisse	La Saint-Nicolas à Fribourg
	L'Escalade de Genève
	Le combat de reines
	La fondue au fromage
	Traverser la frontière… à patins
	Les Médiévales à Saint-Ursanne
	Zep, le père de Titeuf
La France	Le carnaval de Prats-de-Mollo-la-Preste
	Le carnaval de Dunkerque
	Le Nord, mon pays
	Les Bêtises de Cambrai
	Les Champs-Élysées
La Belgique	Qui a inventé la frite: les Belges ou les Français?
L'Afrique	
L'Afrique du nord	L'histoire de Wahid
	La cuisine marocaine: le tajine et le moelleux aux dattes
	Le Maghreb
	Conte du Maghreb
	La guerre d'Algérie
L'Afrique subsaharienne	Vive la solidarité entre les peuples
	Le Fanal à Saint-Louis du Sénégal
	Conte du Sénégal
L'Amérique	
Le Québec	Une légende québécoise
	La cuisine québécoise
	La fête nationale du Québec
	Une chanson québécoise
	Lucky Luke, La belle Province
Les Antilles	La cuisine antillaise
La Guyane	Le carnaval de Cayenne
La Louisiane	La musique Cajun
L'Asie	
L'Indochine	L'Indochine française

Mots-clés	Difficulté	Traditions	Littérature	Cuisine	Musique	Histoire
légende, cortège, cathédrale, discours		X				
guerre 1602, Savoie, fête populaire		X				X
Valais, vaches, concours, finale nationale		X				
histoire de la fondue, Astérix, BD				X		
Jura, hiver, rivière Doubs, patinoire		X				
Moyen-Âge, artisans, fête populaire		X				
BD, dessinateur, interview			X			
Pyrénées, légende, chasse à l'ours, fête, printemps		X				
pêcheurs, poissons, cortège, musique, fête populaire		X				
Nord de la France, tourisme, chanson					X	
bonbons, magie, roman			X	X		
Paris, avenue, chanson, interview, Zaz, Joe Dassin					X	
pommes frites, symbole national, légende, blagues				X		
guerre d'Algérie, amitié, amour			X			X
tajine, épices, recette, dessert, dattes				X		
colonisation, paysages variés, langues, Islam						X
âne, paysan, garçon, voyage			X			
colonisation, indépendance, amitié, correspondance						X
Mali, chanteurs aveugles, appel à la paix					X	
esclavage, fête traditionnelle, musique et chant		X				
La faim et la misère, le piroquier, le génie du fleuve, le miracle			X			
Pont de Québec, accident, diable, ruse			X			X
pâté chinois, nourriture de pauvres, train				X		
tradition, identité, feux		X				
Lynda Lemay, interview, identité, français canadien					X	
BD, colonisation, Nouvelle-France, Indiens			X			X
colonisation, Christophe Colomb, dessert				X		X
esclaves, colonisation, fête, défilé, fusée Ariane		X				X
musique country, Acadie, colonisation, déportation					X	X
Asie du Sud-Est, colonisation, tourisme						X

3 Verbenübersicht

Infinitif Infinitiv	Présent Präsens	Imparfait Präteritum	Futur Futur
acheter kaufen	j'achète tu achètes il achète nous achetons vous achetez elles achètent	j'achetais tu achetais il achetait nous achetions vous achetiez elles achetaient	j'achèterai tu achèteras il achètera nous achèterons vous achèterez elles achèteront
aller gehen	je vais tu vas il va nous allons vous allez elles vont	j'allais tu allais il allait nous allions vous alliez elles allaient	j'irai tu iras il ira nous irons vous irez elles iront
appeler rufen, anrufen	j'appelle tu appelles il appelle nous appelons vous appelez elles appellent	j'appelais tu appelais il appelait nous appelions vous appeliez elles appelaient	j'appellerai tu appelleras il appellera nous appellerons vous appellerez elles appelleront
avoir haben	j'ai tu as il a nous avons vous avez elles ont	j'avais tu avais il avait nous avions vous aviez elles avaient	j'aurai tu auras il aura nous aurons vous aurez elles auront
boire trinken	je bois tu bois il boit nous buvons vous buvez elles boivent	je buvais tu buvais il buvait nous buvions vous buviez elles buvaient	je boirai tu boiras il boira nous boirons vous boirez elles boiront
chanter singen	je chante tu chantes il chante nous chantons vous chantez elles chantent	je chantais tu chantais il chantait nous chantions vous chantiez elles chantaient	je chanterai tu chanteras il chantera nous chanterons vous chanterez elles chanteront
commencer beginnen	je commence tu commences il commence nous commençons vous commencez elles commencent	je commençais tu commençais il commençait nous commencions vous commenciez elles commençaient	je commencerai tu commenceras il commencera nous commencerons vous commencerez elles commenceront
conduire fahren, führen, lenken, steuern	je conduis tu conduis il conduit nous conduisons vous conduisez elles conduisent	je conduisais tu conduisais il conduisait nous conduisions vous conduisiez elles conduisaient	je conduirai tu conduiras il conduira nous conduirons vous conduirez elles conduiront
connaître kennen	je connais tu connais il connaît nous connaissons vous connaissez elles connaissent	je connaissais tu connaissais il connaissait nous connaissions vous connaissiez elles connaissaient	je connaîtrai tu connaîtras il connaîtra nous connaîtrons vous connaîtrez elles connaîtront

Conditionnel Konjunktiv	Passé composé Perfekt	Impératif Imperativ	De même Ebenso
j'achèterais tu achèterais il achèterait nous achèterions vous achèteriez elles achèteraient	j'ai acheté tu as acheté il a acheté nous avons acheté vous avez acheté elles ont acheté	achète achetons achetez	se lever (aufstehen) se promener
j'irais tu irais il irait nous irions vous iriez elles iraient	je suis allé(e) tu es allé(e) il est allé nous sommes allé(e)s vous êtes allé(e)s elles sont allées	va, vas-y allons allez	
j'appellerais tu appellerais il appellerait nous appellerions vous appelleriez elles appelleraient	j'ai appelé tu as appelé il a appelé nous avons appelé vous avez appelé elles ont appelé	appelle appelons appelez	jeter (werfen)
j'aurais tu aurais il aurait nous aurions vous auriez elles auraient	j'ai eu tu as eu il a eu nous avons eu vous avez eu elles ont eu	aie ayons ayez	
je boirais tu boirais il boirait nous boirions vous boiriez elles boiraient	j'ai bu tu as bu il a bu nous avons bu vous avez bu elles ont bu	bois buvons buvez	
je chanterais tu chanterais il chanterait nous chanterions vous chanteriez elles chanteraient	j'ai chanté tu as chanté il a chanté nous avons chanté vous avez chanté elles ont chanté	chante chantons chantez	parler (sprechen) sowie Hunderte von regelmässigen Verben mit der Endung -er
je commencerais tu commencerais il commencerait nous commencerions vous commenceriez elles commenceraient	j'ai commencé tu as commencé il a commencé nous avons commencé vous avez commencé elles ont commencé	commence commen**ç**ons commencez	annoncer (ankündigen) placer (legen) remplacer (ersetzen)
je conduirais tu conduirais il conduirait nous conduirions vous conduiriez elles conduiraient	j'ai conduit tu as conduit il a conduit nous avons conduit vous avez conduit elles ont conduit	conduis conduisons conduisez	construire (errichten) traduire (übersetzen)
je connaîtrais tu connaîtrais il connaîtrait nous connaîtrions vous connaîtriez elles connaîtraient	j'ai connu tu as connu il a connu nous avons connu vous avez connu elles ont connu		disparaître (verschwinden) paraître (scheinen, erscheinen)

Infinitif / Infinitiv	Présent / Präsens	Imparfait / Präteritum	Futur / Futur
courir / rennen	je cours tu cours il court nous courons vous courez elles courent	je courais tu courais il courait nous courions vous couriez elles couraient	je courrai tu courras il courra nous courrons vous courrez elles courront
croire / glauben	je crois tu crois il croit nous croyons vous croyez elles croient	je croyais tu croyais il croyait nous croyions vous croyiez elles croyaient	je croirai tu croiras il croira nous croirons vous croirez elles croiront
devoir / müssen	je dois tu dois il doit nous devons vous devez elles doivent	je devais tu devais il devait nous devions vous deviez elles devaient	je devrai tu devras il devra nous devrons vous devrez elles devront
dire / sagen	je dis tu dis il dit nous disons vous dites elles disent	je disais tu disais il disait nous disions vous disiez elles disaient	je dirai tu diras il dira nous dirons vous direz elles diront
dormir / schlafen	je dors tu dors il dort nous dormons vous dormez elles dorment	je dormais tu dormais il dormait nous dormions vous dormiez elles dormaient	je dormirai tu dormiras il dormira nous dormirons vous dormirez elles dormiront
écrire / schreiben	j'écris tu écris il écrit nous écrivons vous écrivez elles écrivent	j'écrivais tu écrivais il écrivait nous écrivions vous écriviez elles écrivaient	j'écrirai tu écriras il écrira nous écrirons vous écrirez elles écriront
envoyer / schicken	j'envoie tu envoies il envoie nous envoyons vous envoyez elles envoient	j'envoyais tu envoyais il envoyait nous envoyions vous envoyiez elles envoyaient	j'enverrai tu enverras il enverra nous enverrons vous enverrez elles enverront
essayer / versuchen	j'essaie tu essaies il essaie nous essayons vous essayez elles essaient	j'essayais tu essayais il essayait nous essayions vous essayiez elles essayaient	j'essaierai tu essaieras il essaiera nous essaierons vous essaierez elles essaieront
être / sein	je suis tu es il est nous sommes vous êtes elles sont	j'étais tu étais il était nous étions vous étiez elles étaient	je serai tu seras il sera nous serons vous serez elles seront

Conditionnel Konjunktiv	Passé composé Perfekt	Impératif Imperativ	De même Ebenso
je courrais tu courrais il courrait nous courrions vous courriez elles courraient	j'ai couru tu as couru il a couru nous avons couru vous avez couru elles ont couru	cours courons courez	
je croirais tu croirais il croirait nous croirions vous croiriez elles croiraient	j'ai cru tu as cru il a cru nous avons cru vous avez cru elles ont cru	crois croyons croyez	
je devrais tu devrais il devrait nous devrions vous devriez elles devraient	j'ai dû tu as dû il a dû nous avons dû vous avez dû elles ont dû		
je dirais tu dirais il dirait nous dirions vous diriez elles diraient	j'ai dit tu as dit il a dit nous avons dit vous avez dit elles ont dit	dis disons dites	
je dormirais tu dormirais il dormirait nous dormirions vous dormiriez elles dormiraient	j'ai dormi tu as dormi il a dormi nous avons dormi vous avez dormi elles ont dormi	dors dormons dormez	sentir (riechen) servir (servieren)
j'écrirais tu écrirais il écrirait nous écririons vous écririez elles écriraient	j'ai écrit tu as écrit il a écrit nous avons écrit vous avez écrit elles ont écrit	écris écrivons écrivez	décrire (beschreiben)
j'enverrais tu enverrais il enverrait nous enverrions vous enverriez elles enverraient	j'ai envoyé tu as envoyé il a envoyé nous avons envoyé vous avez envoyé elles ont envoyé	envoie envoyons envoyez	
j'essaierais tu essaierais il essaierait nous essaierions vous essaieriez elles essaieraient	j'ai essayé tu as essayé il a essayé nous avons essayé vous avez essayé elles ont essayé	essaie essayons essayez	s'ennuyer (sich langweilen) essuyer (abtrocknen) nettoyer (putzen, reinigen) payer (bezahlen)
je serais tu serais il serait nous serions vous seriez elles seraient	j'ai été tu as été il a été nous avons été vous avez été elles ont été	sois soyons soyez	

Infinitif Infinitiv	Présent Präsens	Imparfait Präteritum	Futur Futur
faire machen	je fais tu fais il fait nous faisons vous faites elles font	je faisais tu faisais il faisait nous faisions vous faisiez elles faisaient	je ferai tu feras il fera nous ferons vous ferez elles feront
finir beenden	je finis tu finis il finit nous finissons vous finissez elles finissent	je finissais tu finissais il finissait nous finissions vous finissiez elles finissaient	je finirai tu finiras il finira nous finirons vous finirez elles finiront
lire lesen	je lis tu lis il lit nous lisons vous lisez elles lisent	je lisais tu lisais il lisait nous lisions vous lisiez elles lisaient	je lirai tu liras il lira nous lirons vous lirez elles liront
manger essen	je mange tu manges il mange nous mang**e**ons vous mangez elles mangent	je mang**e**ais tu mang**e**ais il mang**e**ait nous mangions vous mangiez elles mang**e**aient	je mangerai tu mangeras il mangera nous mangerons vous mangerez elles mangeront
mettre stellen, legen	je mets tu mets il met nous mettons vous mettez elles mettent	je mettais tu mettais il mettait nous mettions vous mettiez elles mettaient	je mettrai tu mettras il mettra nous mettrons vous mettrez elles mettront
ouvrir öffnen	j'ouvre tu ouvres il ouvre nous ouvrons vous ouvrez elles ouvrent	j'ouvrais tu ouvrais il ouvrait nous ouvrions vous ouvriez elles ouvraient	j'ouvrirai tu ouvriras il ouvrira nous ouvrirons vous ouvrirez elles ouvriront
partir weggehen	je pars tu pars il part nous partons vous partez elles partent	je partais tu partais il partait nous partions vous partiez elles partaient	je partirai tu partiras il partira nous partirons vous partirez elles partiront
peindre malen	je peins tu peins il peint nous peignons vous peignez elles peignent	je peignais tu peignais il peignait nous peignions vous peigniez elles peignaient	je peindrai tu peindras il peindra nous peindrons vous peindrez elles peindront
pouvoir können	je peux tu peux il peut nous pouvons vous pouvez elles peuvent	je pouvais tu pouvais il pouvait nous pouvions vous pouviez elles pouvaient	je pourrai tu pourras il pourra nous pourrons vous pourrez elles pourront

Conditionnel / Konjunktiv	Passé composé / Perfekt	Impératif / Imperativ	De même / Ebenso
je ferais tu ferais il ferait nous ferions vous feriez elles feraient	j'ai fait tu as fait il a fait nous avons fait vous avez fait elles ont fait	fais faisons faites	
je finirais tu finirais il finirait nous finirions vous finiriez elles finiraient	j'ai fini tu as fini il a fini nous avons fini vous avez fini elles ont fini	finis finissons finissez	applaudir (klatschen) remplir (füllen) rougir (rot werden)
je lirais tu lirais il lirait nous lirions vous liriez elles liraient	j'ai lu tu as lu il a lu nous avons lu vous avez lu elles ont lu	lis lisons lisez	
je mangerais tu mangerais il mangerait nous mangerions vous mangeriez elles mangeraient	j'ai mangé tu as mangé il a mangé nous avons mangé vous avez mangé elles ont mangé	mange mang**e**ons mangez	bouger (sich bewegen) nager (schwimmen) ranger (aufräumen)
je mettrais tu mettrais il mettrait nous mettrions vous mettriez elles mettraient	j'ai mis tu as mis il a mis nous avons mis vous avez mis elles ont mis	mets mettons mettez	
j'ouvrirais tu ouvrirais il ouvrirait nous ouvririons vous ouvririez elles ouvriraient	j'ai ouvert tu as ouvert il a ouvert nous avons ouvert vous avez ouvert elles ont ouvert	ouvre ouvrons ouvrez	couvrir (decken, zudecken) offrir (anbieten)
je partirais tu partirais il partirait nous partirions vous partiriez elles partiraient	je suis parti(e) tu es parti(e) il est parti nous sommes parti(e)s vous êtes parti(e)s elles sont parties	pars partons partez	sortir (ausgehen, hinausgehen)
je peindrais tu peindrais il peindrait nous peindrions vous peindriez elles peindraient	j'ai peint tu as peint il a peint nous avons peint vous avez peint elles ont peint	peins peignons peignez	atteindre (erreichen) craindre (fürchten) se plaindre (sich beschweren)
je pourrais tu pourrais il pourrait nous pourrions vous pourriez elles pourraient	j'ai pu tu as pu il a pu nous avons pu vous avez pu elles ont pu		

Infinitif Infinitiv	Présent Präsens	Imparfait Präteritum	Futur Futur
prendre *nehmen*	*je prends* *tu prends* *il prend* *nous prenons* *vous prenez* *elles prennent*	*je prenais* *tu prenais* *il prenait* *nous prenions* *vous preniez* *elles prenaient*	*je prendrai* *tu prendras* *il prendra* *nous prendrons* *vous prendrez* *elles prendront*
recevoir *bekommen, empfangen*	*je reçois* *tu reçois* *il reçoit* *nous recevons* *vous recevez* *elles reçoivent*	*je recevais* *tu recevais* *il recevait* *nous recevions* *vous receviez* *elles recevaient*	*je recevrai* *tu recevras* *il recevra* *nous recevrons* *vous recevrez* *elles recevront*
répéter *wiederholen*	*je répète* *tu répètes* *il répète* *nous répétons* *vous répétez* *elles répètent*	*je répétais* *tu répétais* *il répétait* *nous répétions* *vous répétiez* *elles répétaient*	*je répéterai* *tu répéteras* *il répétera* *nous répéterons* *vous répéterez* *elles répéteront*
rire *lachen*	*je ris* *tu ris* *il rit* *nous rions* *vous riez* *elles rient*	*je riais* *tu riais* *il riait* *nous riions* *vous riiez* *elles riaient*	*je rirai* *tu riras* *il rira* *nous rirons* *vous rirez* *elles riront*
savoir *wissen*	*je sais* *tu sais* *il sait* *nous savons* *vous savez* *elles savent*	*je savais* *tu savais* *il savait* *nous savions* *vous saviez* *elles savaient*	*je saurai* *tu sauras* *il saura* *nous saurons* *vous saurez* *elles sauront*
venir *kommen*	*je viens* *tu viens* *il vient* *nous venons* *vous venez* *elles viennent*	*je venais* *tu venais* *il venait* *nous venions* *vous veniez* *elles venaient*	*je viendrai* *tu viendras* *il viendra* *nous viendrons* *vous viendrez* *elles viendront*
vivre *leben*	*je vis* *tu vis* *il vit* *nous vivons* *vous vivez* *elles vivent*	*je vivais* *tu vivais* *il vivait* *nous vivions* *vous viviez* *elles vivaient*	*je vivrai* *tu vivras* *il vivra* *nous vivrons* *vous vivrez* *elles vivront*
voir *sehen*	*je vois* *tu vois* *il voit* *nous voyons* *vous voyez* *elles voient*	*je voyais* *tu voyais* *il voyait* *nous voyions* *vous voyiez* *elles voyaient*	*je verrai* *tu verras* *il verra* *nous verrons* *vous verrez* *elles verront*
vouloir *wollen*	*je veux* *tu veux* *il veut* *nous voulons* *vous voulez* *elles veulent*	*je voulais* *tu voulais* *il voulait* *nous voulions* *vous vouliez* *elles voulaient*	*je voudrai* *tu voudras* *il voudra* *nous voudrons* *vous voudrez* *elles voudront*

Conditionnel Konjunktiv	Passé composé Perfekt	Impératif Imperativ	De même Ebenso
je prendrais tu prendrais il prendrait nous prendrions vous prendriez elles prendraient	j'ai pris tu as pris il a pris nous avons pris vous avez pris elles ont pris	prends prenons prenez	apprendre (lernen) attendre (warten) comprendre (verstehen) entendre (hören) répondre (antworten) vendre (verkaufen)
je recevrais tu recevrais il recevrait nous recevrions vous recevriez elles recevraient	j'ai reçu tu as reçu il a reçu nous avons reçu vous avez reçu elles ont reçu	reçois recevons recevez	
je répéterais tu répéterais il répéterait nous répéterions vous répéteriez elles répéteraient	j'ai répété tu as répété il a répété nous avons répété vous avez répété elles ont répété	répète répétons répétez	espérer (hoffen) préférer (vorziehen)
je rirais tu rirais il rirait nous ririons vous ririez elles riraient	j'ai ri tu as ri il a ri nous avons ri vous avez ri elles ont ri	ris rions riez	sourire (lächeln)
je saurais tu saurais il saurait nous saurions vous sauriez elles sauraient	j'ai su tu as su il a su nous avons su vous avez su elles ont su	sache sachons sachez	
je viendrais tu viendrais il viendrait nous viendrions vous viendriez elles viendraient	je suis venu(e) tu es venu(e) il est venu nous sommes venu(e)s vous êtes venu(e)s elles sont venues	viens venons venez	revenir (zurückkommen) tenir (halten)
je vivrais tu vivrais il vivrait nous vivrions vous vivriez elles vivraient	j'ai vécu tu as vécu il a vécu nous avons vécu vous avez vécu elles ont vécu	vis vivons vivez	survivre (überleben)
je verrais tu verrais il verrait nous verrions vous verriez elles verraient	j'ai vu tu as vu il a vu nous avons vu vous avez vu elles ont vu	voyons voyez	revoir (wiedersehen)
je voudrais tu voudrais il voudrait nous voudrions vous voudriez elles voudraient	j'ai voulu tu as voulu il a voulu nous avons voulu vous avez voulu elles ont voulu	veuillez	

Quellennachweis

Textnachweis

S. 117	Conjugaison. Aus: Bernard Friot, Histoires pressées © Milan jeunesse, Toulouse, 2007
S. 120	Comptine, J'aimerais, Abébédaire, Onomatopée. Andrée Chedid in Jean-Hugues Malineau Drôles de poème pour les yeux/oreilles © Albin Michel Jeunesse, Paris, 2002
S. 121	L'école. Jacques Charpentreau auf lakanal.net/poesies.htm © Jacques Charpentreau, Paris
S. 121	Je suis, Luciole, Ombres, track 9 © Warner/Chappell Music Inc., Paris, 2009
S. 121	Caligramme: À Paris sur un cheval gris. Aus: Max Jacob, les œuvres burlesques et mystiques de Frère Matorel © Henry Kahnweiler, Paris, 1912
S. 134–140	Le français – on le cause partout. Aus: Okapi 962 © Bayard Jeunesse Presse, Montrouge, 2013

Bildnachweis

S. 14	Fehler sind Helfer © Kobi, E./Die neue Schulpraxis
S. 20	Von tonnat zu tunnel © Ursula Roos/LMVZ
S. 27–31	Kompetenz-Icon Hören, Lesen, Monologisches Spreches, Dialogisches Sprechen, Schreiben: Europäisches Sprachenportfolio II © 2005 Schulverlag plus AG © Schweizerische Konferenz der kantonalen Erziehungsdirektoren (EDK)
S. 85	Uhr © Lehrmittelverlag Zürich
S. 87	Bäume © Karin Widmer/Lehrmittelverlag Zürich
S. 111	Koala © Karin Widmer/Lehrmittelverlag Zürich
S. 114	Smileys © Sigi Siegenthaler/Lehrmittelverlag Zürich
S. 121	Calligramme © Max Jacob
S. 127	Postkarte © Lehrmittelverlag Zürich